KB271807

과학교육에서
인터넷 활용 교수-학습 방법

과학교육에서
인터넷 활용 교수-학습 방법

손정우 · 이봉우

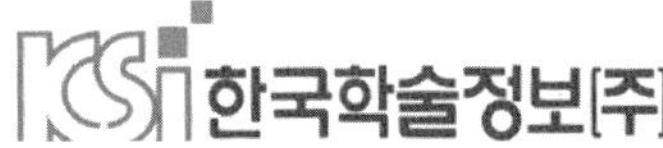
한국학술정보㈜

오늘날 많은 수의 교육전문가들은 기존의 학습체제를 정보화 사회와 지식기반 사회가 요구하는 학습자 위주의 학습체제로 전환하기 위해 각종 정보통신기술들과 교육방법을 접목시킨 가상교육체제를 운영하고 있다. 특히 네트워크와 데이터베이스 기술이 접목된 인터넷을 기반으로 하는 교수－학습체제가 대세를 이루고 있다. 이러한 교수－학습체제는 국내에 1996년부터 도입되기 시작하여 오늘날에 이르고 있다. 그러나 주로 인터넷 기술의 발달 속도에 의존한 교수－학습 방법을 구성하는 방식으로 진행되고 있고, 상용화를 위한 방향으로 나아가고 있어 원래 교육 목적을 제대로 수행하지 못하고 있다.

본 책의 저자들은 그러한 제약을 벗어나 진정한 인터넷 기반 교수－학습 방법에 관한 연구를 1997년(서울대학교 사범대학의 '인터넷스쿨')부터 시작하여 2005년(한국교육개발원의 '사이버영재교육지원시스템')까지 다양한 분야에서 수행해 왔고, 그 연구 결과물들을 이제야 체계적으로 정리하여 출간하게 되었다. 그래서 일부 인용한 그림은 시대에 뒤떨어지는 감이 있으나, 개념적으로 이해하는 데는 아무런 문제가 없을 것이다. 또한 제시된 교수－학습 방법들은 정규 교실수업 시간이라는 제약을 두지 않고, 시간과 공간의 제약을 받지 않는 사이버 공간을 실시 장소로 하였다. 또한 대부분 교수－학습 방법은 인터넷의 기본적 특성인 쌍방향 상호자용에 중점을 두며, 실질적인 시스템 구축이나 개발보다는 개념적으로 어떻게 구현할 수 있는지를 설명하였다.

　한편 과학 교과는 교수 – 학습 방법에서 다른 교과에 비해 인터넷을
많이 활용할 수 있는 특성을 가지고 있다. 과학 개념을 배우고, 익히
며, 탐구하는 과정을 인터넷에서 구현할 수 있기 때문이다. 이 책에서
제시하는 교수 – 학습 방법으로 '전자교과서, 온라인 학습, 온라인 평가,
온라인 상담, 온라인 과학탐구, 온라인 토론'이 있다. 이 중 앞선 네 가
지는 지식과 개념 이해를 위주로 하는 교수 – 학습 방법에 적합하고,
나머지 두 가지는 새로운 지식을 학습자 스스로 구성하거나 문제 해결
력을 높이기 위한 교수 – 학습 방법에 적합하다. 현재 온라인 교육시장
에서는 앞선 세 가지가 주를 이루고, 나머지 세 가지는 겨우 도입된
실정이다. 따라서 이 여섯 가지 교수 – 학습 방법을 충분히 이해한다면,
인터넷을 활용한 새로운 교수 – 학습 방법을 개발할 수 있는 능력을 가
질 것이다.

2007년 6월
손정우 · 이봉우

차 례

서 론

　21세기 정보화 사회에서는 학습자들의 욕구가 개성화, 다양화, 고도화되는 경향을 보이므로, 이러한 욕구의 충족을 위한 새로운 학습체제의 필요성이 요구되고 있다. 특히 정보화 사회의 기본 매체인 컴퓨터의 역할이 "도구"에서 "미디어"로 변하고, 나아가 인터넷을 기반으로 하는 "커뮤니케이션 미디어"로 발전함에 따라 학습자의 개별성이 더욱 중요시되고 있다. 이와 같은 변화에 따라 정보통신기술을 이용한 가상의 공간에서 교육을 받을 수 있도록 구성된 새로운 교육체제인 「가상교육체제」가 등장하였다. 가상교육체제는 19세기 중엽부터 20세기 초까지 발달하였던 우편제도를 이용한 '통신교육'과 20세기 중엽부터 발달한 대중 전파매체를 활용한 '원격교육'의 시기를 거치면서 컴퓨터와 원격통신망을 중심으로 한 정보통신기술의 발달로 생성되었다. 따라서 가상교육체제는 기존의 인쇄매체를 통한 통신교육과 전파매체를 통한 원격교육의 부족한 부분인 상호작용을 보완하고, 나아가 공간과 시간의 제약을 극복할 수 있는 장점을 가지게 되었다.

　그러나 이 가상교육체제는 이제 겨우 기존 교육체제에 단순히 컴퓨터와 통신 기술을 적용시긴 가상학습 환경을 벗어나 새로운 교육의 패러다임을 가진 대안적 교육 형태라는 생각이 발전되기 시작하였다(Harrison,

1996). 물론 가상대학을 비롯하여 가상학습 환경을 연구하는 사람들이 이러한 점을 인식하고 정교화하기 위해 많은 노력을 하였다(정인성, 1998).

　현재 가상교육체제의 새로운 패러다임이 발전되고 있는 가운데 진행되고 있는 가상수업은 이 단어를 처음 만들어 사용한 힐쯔(Hitlz, 1986)의 의도대로 '토론, 강의, 실험 등 교실에서 이루어지는 커뮤니케이션 과정의 전자화'가 웹(Web)으로 대변되는 인터넷이라는 컴퓨터 매개 통신을 통하여 이루어지고 있다. 그러나 교육 효과를 측정하는 기준의 부재, 그로 인한 가상교육의 질적 문제, 면대면 교육에서만 가질 수 있는 인간과 인간의 직접 상호작용에 대한 어려움, 학습자의 학습 활동 확인의 어려움 등 많은 문제가 제기되고 있다. 거기다 기존의 교육체제를 벗어나지 못하는 교사와 학생의 인식과 제도가 새로운 학습체제의 활성화를 저해하고 있는 실정이다. 그럼에도 불구하고, 새로운 학습체제는 소프트웨어적인 기술의 발달로 여러 가지 형태로 그 모습을 나타내고 있다. 특히 웹과 데이터베이스의 연동 기술로 인하여 인터넷상에서 학습자의 학습 경로 및 모든 학습의 정보를 데이터베이스로 저장할 수 있게 되고, 학습자 개인의 속도에 맞는 자기 주도적 학습을 이끌어 낼 수 있게 되었다. 이러한 인터넷의 근간을 이루는 네트워크 기술과 데이터베이스 기술이 접목된 인터넷을 기반으로 하는 교수-학습 체제는 새로운 교수-학습 방법을 요구하고 있다.

　이러한 새로운 인터넷을 기반으로 하는 학습체제는 서울대학교 사범대학에서 정보통신기술의 교육적 활용과 교육정보화 인프라 구축을 위하여 1997년부터 개발한 '인터넷스쿨'에 잘 나타나 있다(서울사대, 1998). 또한 최근에 e-learning을 기반으로 하는 사이버대학이나 사이버학원에서도 인터넷 기반의 학습체제를 운영하고 있다. 그러나 이들 기관에서 이뤄지는 가상수업은 원격교육체제를 벗어나지 못하고, 웹 브라우저를 통한 강의 내용의 전달과 게시판을 통한 과제 제출 등으로 이루어진 가상교육 시스템의 기반에서 행해지고 있다. 또한 CGI(Common Gateway Interface) 프로그램으로 구현한 게시판, 토론방, 대화방으로 쌍방향 상호작용의 기회를 제공하고 있다. 그리고 동영상 위주의 실시간 미디어를 활용하는 가상교육 시스템을 개발하여 다양한 멀티미디어 학습을 전개하고 있다.

이렇게 현재 가상교육체제는 여러 형태로 구체화되고 있으나, 실제 교수−학습 방법에 대한 체계적인 연구 결과가 부족하며, 새로운 인터넷 기술을 어떻게 교수−학습 방법에 접목시킬 것인가에 대한 연구가 미흡하였다. 또한 실제 각 교과목에 대하여 각기 다르게 반영되어야 할 가상교육체제가 일괄적으로 적용되어 일부 교과에서는 교과의 성격과 맞지 않는 점들이 나타나고 있다. 이는 각 교과의 특수한 성격을 잘 알지 못하는 일부 교육공학 연구가들이 일반적인 관점에서 가상교육체제를 확립하고 이를 적용시켰기 때문이라고 본다.

따라서 이 책에서는 과학 교과에 있어서 다양한 교수−학습 방법을 구현하는 방안을 마련하였다. 그리고 과학 교과만이 가지는 특성이 어떻게 인터넷 학습체제와 접목이 되어 교수−학습에 적용이 되는지 알아보았다.

<h2 align="center">[참고] 통신교육과 원격교육</h2>

■ 통신교육

19세기 중엽 독일에서 시작한 어학 통신교육 강좌에서 시작하여 스웨덴, 영국, 미국 등으로 발달하였고, 교통의 발달과 교육기회 확대라는 사회적 변화와 더불어 조직화되고 제도화되어 갔다. 20세기 초 1차 대전을 전후로 호주, 미국, 캐나다, 프랑스 등에서 전통적 면대면 공교육을 대신하는 형태로 활용되었고, 우편제도와 인쇄교재를 이용하여 실용적인 기술교육이나 어학 등을 교육내용으로 한 성인 중심의 보완교육 형태에서 시작되었다. 그러다 공교육의 혜택을 받을 수 없는 아동을 대상으로 하여 학교교육의 대안으로 공교육의 기회를 확대하는 형태로 발전하였다.

■ 원격교육

우편을 이용한 인쇄교재 외에 라디오, 텔레비전 등의 대중매체와 전화의 통신시설 등을 복합적으로 사용하여 각 매체의 장점을 살리는 방향으로 다량의 정보를 다수 학생들에게 전달하는 교육 형태이다. 1969년 영국 개방대학의 설립 이후 세계 각 나라에서 방송학교, 개방학습센터, 방송대학, 개방대학 등의 이름으로 원격교육기관을 설립하였다. 대중매체를 이용한 원격교육은 정보통신공학이 발전함에 따라 방송매체에 더하여 쌍방향 상호작용이 가능한 컴퓨터 통신망, 비디오 컨퍼런싱이나 오디오 컨퍼런싱 등의 첨단 매체를 도입하여 활용하고 있다.

I. 인터넷 활용 교수-학습 방법의 기초 이론

1. 구성주의

　　정보화 사회로 접어들면서 지식과 정보의 양이 엄청나게 늘어나고 있으며, 사회와 교육은 밀접한 관계를 유지하면서 서로에게 많은 영향을 수면서 발전해 오고 있다. 각 시대마다 사회를 대표하는 교육방법이 존재했는데, 농경시대에는 가정을 중심으로 하는 도제 관계의 형태를 빌린 교육이 이루어졌고, 산업시대에서는 학교에서 집단학습의 형태를 띤 교육이 이루어졌다(한병래, 1999). 현재는 정보통신기술의 발달로 새로운 시각과 접근으로 교육 환경, 목표, 철학 등을 고려해야 하며, 교육에서의 이러한 변화를 구성주의라고 한다(강인애, 1997).

　　구성주의는 학습 이론과 인식론에 많은 영향을 주었을 뿐만 아니라 넓게는 인문, 사회계열에서 일고 있는 포스트모더니즘과 그 맥을 같이 하고 있다. 좁은 범위에서는 교수-학습 이론의 인식론적 바탕이 된 객관주의에 대한 대안 패러다임이라고 할 수 있다(강인애, 1997).

1) 객관주의와 구성주의

구성주의가 1980년 후반에 본격적으로 논의되기 시작했을 때, 17세기 이후부터 객관적인 과학 지식을 추구하였던 객관주의자들에게 거센 반발이 일어났다. 특히, 교수-학습 원칙과 전략에 관한 논쟁이 많이 제기되었다. 객관주의에서 교육의 목표는 일반적이고 보편적인 형태의 진리와 법칙을 지식이라는 형태로 습득하는 것이다. 이에 반하여 구성주의에서는 보편적 진리와 법칙을 부정하고 개인의 사회적 경험에 기초한 지식을 선택적으로 받아들여 사회 구성원으로서 의사소통하는 것을 교육의 목표로 삼고 있다.

실제 교육 환경에서는 구성주의보다는 객관주의에 기초한 교수 전략과 기법이 사용되고 있다. 객관주의는 3백여 년에 걸쳐 개발되고 다듬어져 다양한 교수 이론이나 모델을 탄생시켰다(Reigeluth, 1983). 그리고 객관주의 수업 설계의 여러 모형을 통해 개발된 '요구 분석', '내용 분석', '학습자 분석', '과제 분석' 등의 많은 교수 기법이 교육현장을 비롯하여 전자교과서 제작 등에서도 많이 사용되고 있다. 이는 교사가 학생의 선수지식에 대한 분석을 수업 전에 한 후 미리 학습 목표를 정하고, 객관적인 지식을 학생들에게 전달하여, 학생들이 그 학습 목표에 도달하게 하는 일반적인 교수-학습의 기본 개념이다. 반면에 구성주의 학습 환경에서는 교사가 미리 학습 목표를 결정하는 것이 아니라 학생들이 스스로 자신의 학습 목표와 그 방향을 결정하도록 하는데 그 과정이 수업의 진행 중에 일어나도록 하는 것이다. 그러나 실제 학교와 같은 다수의 학생을 대상으로 하는 공교육에서는 이와 같은 구성주의 학습 환경은 그 실천성이 결여되고 있다(최정임, 1998).

따라서 우리에게 필요한 것은 실천 가능성 있는 구성주의에 기초한 교수-학습 이론을 이끌어 내는 것이다. 하지만 구성주의에는 실천적 한계가 있으므로, 구성주의 원칙에 맞도록 학습 환경의 틀을 마련한

다음 각기 세부적 상황에 대해서는 객관주의 수업 전략이나 기법을 활용하는 것이 필요하다. 즉, 구성주의의 원리를 바탕으로 학습 목표와 학습 환경을 설정하고, 상황에 따라 객관주의에 기초한 교수-학습 전략과 기법을 도입하는 선택을 해야 할 것이다.

2) 인지적 구성주의와 사회적 구성주의

구성주의는 개인의 인지적 작용을 강조하느냐, 개인이 참여하고 속해 있는 사회적, 문화적, 역사적 상황에 두느냐에 따라 인지적 구성주의와 사회적 구성주의로 나눈다. 인지적 구성주의는 주로 피아제(Piaget)의 발달 심리에 그 이론적 근거를 두고 교수-학습 전략이나 원칙에 대하여 논한다. 반면에 사회적 구성주의는 Vygotsky의 발달 심리 이론에 근거한다.

인지적 구성주의에서는 지식이 동화와 조절이라는 인지적 작용에 의해 구성되고, 상호작용은 인간들의 상호작용보다는 물체와의 상호작용을 더 중시한다. 이런 이론을 교수-학습 환경에 적용하면, 교수라는 것은 학생이 삭기 석합한 발달 단계에 도달할 때를 기다려야 하고 또는 그 시기에 도달하도록 도움을 줄 수 있어야 하며, 또한 그 시기가 되었을 때 다음 단계로 발전할 수 있도록 도와주는 역할을 해야 된다. 그리고 학습은 인지적 평형상태가 깨어지면서 인지적 혼란(cognitive disturbance)이 생기는 과정을 통해 이루어진다고 한다. 이때 인지적 혼란은 다른 사람이나 사물과의 사회적 관계에 의해 발생하는데, 이를 해결하기 위해 어떤 관계에서 인지적 혼란이 발생하였는가보다는 깨어진 인지적 평형상태를 복구하는 데 중점을 두어 학습할 영역의 전문가의 인지적 구조를 모방하는 것을 그 해결책으로 삼고 있다.

반면에 사회적 구성주의는 인간의 인지적 발달과 기능은 사회적 상호작용이 내면화되어 이루어지는 것으로 보고 있다. 여기서는 인지적 혼란의 원인인 사회적 상호작용에 중점을 둔다. 따라서 어떤 일치에 도달하는 과정보다 갈등과 차이에 더욱 가치를 두고 그런 견해차에 의해 자아의 성찰이 이루어진다고 본다. 지식은 사회적 참여를 통해 구성된다는 사회적 구성주의에서의 핵심 원칙은 Vygotsky(1978)의 '근접 발달의 영역(Zone of Proximal Development)'에서 찾을 수 있다. 이것은 학습할 영역에 대해 전문적 지식과 기술을 지닌 사람이 학습자의 학습을 도와줄 경우 학습자 개인이 혼자 도달할 수 있는 인지적 발달 수준보다 더 높은 수준에 이를 수 있다는 것이다(Cunningham, 1992).

3) 학습에 관한 구성주의

구성주의에 있어 지식의 습득은 개인적인 경험으로부터 이루어지므로 학습의 주체는 학습자이다. 학습자는 적극적이고 주도적으로 학습에 임해야 하며, 교사는 이를 돕는 안내자로서의 역할을 수행해야 한다. 이와 같은 학습 환경은 개개인의 지적 활동보다는 문제를 해결하기 위한 학습자 간의 의사소통과 교사와의 원활한 상호작용이 중시된다.

(1) 학습의 핵심

구성주의에서 강조되고 있는 학습의 핵심은 학습자 중심의 능동적 학습, 실제적 학습, 그리고 상호작용적이고 협동적인 학습으로 요약할 수 있다(정인성, 1998). 능동적 학습(Active learning)은 학습자의 능동적인 참여에 의하여 일어나는 것으로 학습자가 스스로 경험을 통한 능동적인 지식을 생성하는 것이다. 실제적 학습(Authentic learning)은 구체적 현실 상황과 유사한 학습 환경에서 사회적 상호작용과 풍부한 학습 자원을 통하여 문제 해결을 하는 과정이다. 상호작용적, 협동적 학습(Interactive and cooperative learning)은 협동적 상호작용이 가능한 환경 속에서 학습자가 문제에 대한 다양한 시각과 관점을 경험할 수 있으며, 사회적 협상과 공유 과정을 거치면서 의미와 지식을 구성해 가는 것이다.

(2) 학습 모형

구성주의 수업의 특징은 학습자 중심 수업, 경험적인 수업, 반성적 수업, 실제적 수업, 전체적인 수업, 사회와 관련된 수업, 협력하는 수업, 민주적 수업, 인지적 수업, 발달에 맞는 수업, 구성주의자 수업, 언어심리학적 수업, 도전적 수업이다(한병래, 1999).

이러한 수업의 특징을 잘 반영하는 수업 모형에는 인지적 도제 모형, 인지적 융통성 모형, 상황학습 및 앵커드 수업 모형, 문제 중심 학습 모형 등이 있다.

인지적 도제 모형은 미숙한 학습자가 숙련된 학습자를 모방하여 과제를 수행하면서 특정 지식과 기능을 익히는 모형이다.

인지적 융통성 모형은 초보적인 지식과 상위의 지식을 습득할 때 교수-학습 전략이 각기 달라야 한다는 것으로 상황에 따라 지식구조 형성 과정이 다르다는 것이다.

상황 학습 및 앵커드 수업 모형은 지식의 생성이 단독적으로 이루어지는 것이 아니라 과제, 맥락, 문화 안에서 만들어지고, 이러한 지식이 교수 매체를 활용하는 학습 환경 속에서 문제 해결력을 증진시킨다는 것이다.

문제 중심 학습 모형은 구성주의 학습 이론을 가장 잘 반영하고 있는 것으로 실제 교육 환경이 지닌 문제점들을 해결하기 위한 대안이 될 수 있다.

4) 구성주의와 WBI

정보화 시대의 교육적 패러다임 변화에 대한 실천적인 안을 제시해 줄 수 있는 이론이 바로 구성주의이다. 구성주의는 우리가 어떻게 지식을 얻는 가에 대한 인식론으로, 지식은 인식의 주체에 의해 구성되고, 사회적 협상을 통해 형성된다(박인우, 1996).

인터넷은 구성주의 교수-학습 원리를 학교 현장에서 실현할 수 있는 가장 뛰어난 도구로 구성주의 학습 환경을 형성할 수 있다. 특히, 인터넷의 여러 기능 중에서 웹이 지닌 뛰어난 매체 기능은 WBI(Web Based Instruction)이라는 학습 이론으로까지 발전하였다.

웹이 제공하는 구성주의 학습 환경으로는 교수목표 선정에 유리하다는 것과 자료 제시에 다양성을 제공하는 것이다. 또한 실제적인 학습 환경을 제공하며, 다양한 상호작용과 반성적 사고를 제공하는 것이다(김홍래, 1998).

2. WBI

Ritchie와 Hoffman(1996)은 WBI를 특정한, 그리고 미리 계획된 방법으로 학습자의 지식이나 능력을 육성하기 위하여 의도적인 상호작용을 웹을 통해 전달하는 활동이라고 정의했고, Khan(1997)은 학습을 지원하고 촉진할 의미 있는 학습 환경을 구축하기 위하여 WWW의 속성과 자원을 이용하는 하이퍼미디어 기반의 수업 프로그램으로 정의했다.

1) WBI의 특성

WBI의 특징은 학습자 주도적이고, 학습자의 속도에 맞는 교수법을 제공하며, 다양하고 상호 작용이 가능한 멀티미디어 요소를 웹에 결합시켜 교육 활동을 위한 인터넷 접속을 일상화하는 장점이 있다.

WBI는 정보를 전달하는 강력한 전달 매개체 기능, 정보 제공자 기능, 독립된 특정 과제를 다루는 기능 등의 웹의 대표적인 기능들을 이용한다.

이로 말미암아 WBI는 다음과 같은 특성을 가지게 된다(Khan, 1998).

① 상호작용적이다.(Interactive)
WBI에서 학생들은 학생들끼리는 물론 교사와 온라인 자원과도 상호작용한다.

② 멀티미디어를 활용할 수 있다.(Multimedial)
WBI에서는 텍스트, 비디오, 오디오, 애니메이션 등을 통합하여 제시할 수 있다.

③ 학습 환경이 개방적이다.(Open system)
학생들은 교사가 미리 설정한 환경을 벗어나 자유롭게 이동하면서 학습할 수 있다.

④ 온라인 검색이 가능하다.(On-line search)
학생들은 검색 엔진을 이용하여 온라인 자원을 검색하고 활용할 수 있다.

⑤ 장비 및 시간에 구애받지 않는다.(Device-distance-time independent)
컴퓨터의 종류에 상관없이 시간에 관계없이 WBI 과정에 참여할 수 있다.

⑥ 전세계에서 접근 가능하다.(Globally accessible)
인터넷에 연결되어 있으면, 세계 곳곳에 있는 모든 정보의 자원들에 접근이 가능하다.

⑦ 전자출판이 가능하다.(Electronic publishing)
교사와 학생 모두 자신의 글이나 수업 내용을 전자우편이나, 웹 문서로 제작하여 전송할 수 있다.

⑧ 표준화된 언어를 사용할 수 있다.(Uniformly world-wide)
HTML이라는 공통의 스크립트 언어와 URL(Uniform Resource Location)이라는 인터넷 주소를 사용하여 누구나 웹 문서를 제작 전송할 수 있다.

⑨ 온라인 자원을 활용할 수 있다.(On-line resources)
웹을 통해 온라인 자원에 신속하게 아무런 제한 없이 접근할 수 있다.

⑩ 전세계적으로 퍼져 있는 자료를 활용할 수 있다.(Distributed)
인터넷상의 모든 서버들을 통해 확산되어 있는 멀티미디어 자료를 활용할 수 있다.

⑪ 문화 교차적 상호작용이 가능하다.(Cross-cultural interaction)
세계 여러 다른 문화를 온라인상에서 교차적으로 학습하여 다문화적인 관점을 발전시킬 수 있다.

⑫ 다양한 분야의 전문가를 활용할 수 있다.(Multiple expertise)

⑬ 하드웨어나 소프트웨어 회사들에 대한 정보를 얻을 수 있다.
(Industry supported)

⑭ 학생이 학습 환경을 통제할 수 있다.(Learner-controlled)
학습자가 무엇을 배우고, 어떻게 배워야 할지를 스스로 조절할 수 있다. 즉, 학습자가 학습 내용, 시간, 피드백 및 다양한 매체들을 선택할 수 있다.

2) WBI에서의 상호작용

(1) 상호작용의 의미와 중요성

교육 활동은 다양한 형태의 상호작용을 통해서 일어나기 때문에 '상호작용(interaction)'은 교육에서 가장 중요한 항목으로 여겨져 왔다. 특히 학습이 이루어지는 과정이 교사에서 학생으로 일방적인 지식 전달이기보다 학습자가 적극적으로 참여하는 의사소통 과정 속에서 더욱 더 효과를 나타내기 때문에 상호작용은 매우 중요한 요소이다. 특히 전통적 교실수업에서는 교사와 학생 간, 학생과 학습 자료와의 상호작용이 주가 되었지만, 웹 기반 수업 또는 웹 기반 토론을 포함한 다양한 원격교육에서는 학생과 학생 간을 포함한 보다 다양하고 깊은 의미의 상호작용이 강조되고 있다. 따라서 많은 연구자들(Harasim, 1990; Levin et al., 1990; Mason, 1990; Romiszowski & Mason, 1996)은 웹 기반 수업과 같은 온라인 환경에서 학습의 효과를 높이기 위해서는 학습자들이 상호작용에 적극 참여하도록 하고 수준 높은 상호작용이 일어나도록 해야 한다고 강조하였다.

그런데 상호작용은 교육 활동이 일어나는 장소, 형태에 따라서 다양하게 나타나기 때문에 그 의미는 많은 연구자들 사이에서도 합의된 바가 없이 연구자들의 조건에 맞추어 새롭게 정의되고 있다. 일반적인 의미에서 상호작용은 우리의 일상생활에서 나타나는 중요한 의사소통 활동이며, 학습 과정에서의 상호작용은 유목적적이고 외현적인 반응과 수업 활동의 결과이자, 교수자와 학습자가 정보를 역동적, 상호적으로 교환해 나가는 교수적 교류를 의미한다(Gavora & Hannafin, 1993; Merril, Li, & Jones, 1990; 김미량, 1998에서 재인용).

국어대사전에서는 상호작용을 '둘 또는 그 이상의 사물과 현상이 서로 작용하여 원인이 되며 결과가 되는 일을 가리키는 것'이라고 언급하고 있으며, 상호작용성은 이러한 상호작용을 일으키는 본질 또는 가능성을 나타내는 유사개념으로 상호작용과 상호작용성은 큰 구분 없이 사용하되, 맥락에 따라 체제가 갖는 하나의 특성으로 상호작용 행위의 추상적인 성질을 강조하고자 할 때에는 '상호작용성'을, 구체적인 행위나 활동으로서 의사소통의 교류를 나타낼 때는 '상호작용'이라는 용어를 사용한다(김미량, 1998).

매스미디어에서 상호작용이라는 말은 1980년대 초반부터 여러 학자들 사이에서 뉴미디어 커뮤니케이션의 새로운 개념으로 주목받기 시작하였는데 그 개념에 대한 인식과 접근 방법이 달랐다. 한국언론재단에서는 상호작용성을 "커뮤니케이션 참여자 사이의 의미교환을 뜻하는 것으로 인간의 커뮤니케이션 과정에 내재하는 본질적인 속성의 하나"로 정의하고 있으며, 미국신문협회(NAA)에서는 상호작용이라는 말인 'interactive'에 대해 '사용자로 하여금 정보와 다른 커뮤니케이션을 주고받도록 허용하는 쌍방향(two-way) 시스템'이라고 정의하고 있다. 최영과 김병철(2000)은 기존의 개념 정의를 종합하여 '상호작용성은 면대면 혹은 매스 커뮤니케이션 등 다양한 형태의 커뮤니케이션 과정에 참여하는 커뮤니케이션 주체들이 서로 대등한 입장에서 직접적으로 혹은 매개 수단을 통해 메시지를 교환하고 공유하며 서로 의미를 창출해 가는 반복적인 순환과정'이라고 정의하였다.

김미량(1998)은 온라인상에서의 교육에 관계하는 상호작용을 Giardina(1992)가 정의한 '학습자 개인과 주어진 학습체제 간에 나타나는 다양한 교류의 역동성을 실제로 구현하는, 주변의 모든 개념을 포함하는 것'이라는 넓은 의미의 상호작용을 개념으로 사용하였다. 동시에 넓은 의미로만 사용하였을 때에는 개념적으로 모호해질 가능성이 커져 연구 범위 안에서의 통제가 불가능해질 수 있기 때문에 '학습자가 주어진 학습체제와의 다양한 교류를 통하여 필요한 정보와 지식을 획득하기 위해 양방적, 역동적, 자기 주도적으로 의사소통하는 학습자의 능력'이라는 협의의 정의를 추가하였다.

(2) 상호작용의 유형

그동안 상호작용에 대한 많은 연구가 진행되어 왔는데, 김미량(1998)은 상호작용(성)이라는 개념이 사용되는 상황에 따라 특정 매체의 상호작용성 정도를 기초로 한 분류, 상호작용이 일어나는 상황을 준거로 한 분류, 상호작용이 일어나는 시간대를 준거로 한 분류, 사용자를 중심으로 한 분류, 상호작용의 질적 측면을 준거로 한 분류, 상호작용을 보는 관점을 기초로 한 분류, 상호작용의 목적을 기초로 한 분류, 상호작용의 수준을 기초로 한 분류, 상호작용의 차원을 준거로 한 분류, 상호작용의 방식을 기초로 한 분류, 상호작용에 참여하는 사람의 수에 따른 분류, 상호 작용적 행동의 관찰 가능성에 따른 분류와 같이 12가지의 분류 방법에 따라서 상호작용에 대한 연구를 제시하였다. 상호작용을 보는 관점이나 준거, 필요 등에 따라 다양한 연구자들의 분류 방식이 제시되는데, [표 1]은 김미량(1998)이 이들의 분류를 연구자별로 정리한 것이다.

① Bates의 상호작용 유형

Bates(1990)는 컴퓨터 매개 통신 환경(Computer-Mediated Communication, CMC)에서 이루어지는 상호작용의 유형을 상호작용이 일어나는 상황을 준거로 하여 학습자와 학습 자료 간에 발생하는 상호작용이 중심이 되는 개인적·독립적 상호작용과 둘 이상의 학습자들 간의 상호작용이 중심이 되는 사회적 상호작용 활동으로 구분하였다. 특히 사회적 상호작용은 다시 학습자와 교수자의 상호작용, 학습자와 튜터와의 상호작용, 그리고 학습자와 다른 학습자 간의 상호작용 등 세 가지 유형으로 다시 구분하고 있다. 특히 학습자와 동료 학습자 간의 상호작용은 사회적인 쌍방향 커뮤니케이션 활동으로서 직접 혹은 간접적으로 일어날 수 있는데 학습자들 사이에서 일어난다는 것이다. 이 유형의 상호작용은 학습자 간에 협동학습을 유도하여 서로의 지식과 경험을 공유할 수 있을 경우 더욱 효과적이다(임정훈b, 1999). 또한 그는 상호작용이 일어나는 시간대에 따라서 면대면 상황과 같이 실시간으로 동시에 일어나는 동시적 상호작용과 비실시간으로 시차를 두고 나타나는 비동시적 상호작용으로 구분하기도 하였다(Bates, 1995).

[표 1] 연구자별로 제시한 상호작용(성)의 유형(김미량, 1998)

	분류자 및 연도	분류기준	상호작용(성)의 유형	유사분류 제안자
1	Romiszowski (1986) 외	특정 매체의 상호작용성 정도	수준 1, 2, 3, 4	Hart(1984), Priestman(1984), Kearsley & Frost (1985)
2	Thompson & Jorgensen(1989)	매체를 기초로 하는 수업에서 가능한 상호작용의 모형	반응적 순향적 상호작용적 모형	Lucas(1992), Schwier & Misanchuk(1993)
3	Bates(1990)	상호작용이 일어나는 상황 상호작용이 일어나는 시간대	개인적 / 독립적 상호작용과 사회적 상호작용 (학습자 vs 자료창출자 학습자 vs 튜터 학습자 vs 학습자) 동시적 상호작용과 비동시적 상호작용	Moore(1993)
4	Knuth(1992), Giardina(1992)	사용자 중심	물리적 상호작용성과 인지적 상호작용성	
5	Schwier & Misanchuk(1993)	상호작용의 질적인 측면	반응적 상호작용 순향적 상호작용 상호적 상호작용	Thompson & Jorgensen(1989), Lucas(1992)
6	Gavora & Hannafin(1993)	상호작용 전략설계 및 상호작용을 보는 전통적 관점	작동적 관점에서의 상호작용, 기능적 관점에서의 상호작용, 통합적 관점에서의 상호작용	Hannafin(1989)
7	Moore(1993)	상호작용의 참여 주체	학습자 vs 내용 학습자 vs 교수자 학습자 vs 학습자	Ostendorf(1992), Barker(1994)
8	Litchfield(1993), Bork(1992)	상호작용의 목적과 상호작용의 질적인 측면	교수적 상호작용성과 항해적 상호작용성	Henderson & Patching(1995)
9	Bartolome(1993)	상호작용의 수준	기계적 측면과 사용자 측면	Hart(1984), Priestman(1984)
10	La Follette(1993)	상호작용의 차원	감각적 차원 처리적 차원 통계적 차원	

	분류자 및 연도	분류기준	상호작용(성)의 유형	유사분류 제안자
11	Barker(1994)	상호작용의 방식	인간 vs 인간 인간 vs 기계	Moore(1993)
12	Paulsen(1995)	상호작용 참여자 수	독립학습 일대일 일대다 다대다 상호작용	Rapaport(1991) Harasim(1989)
13	Henderson & Patching(1995)	상호작용의 목적	학습을 일으키는 상호작용과 학습을 일으키지 않는 상호작용	Litchfield(1993), Bork(1992)

이전에는 실시간으로 일어나는 상호작용은 바로 면대면 상황을 의미하였으나, 최근 네트워크의 발달로 인하여 메신저, 채팅, 화상채팅 등을 통하여 온라인상으로 실시간 상호작용도 가능해졌기 때문에 실시간 상호작용은 면대면 상황만을 의미하는 것은 아니다.

② Rafaeli의 상호작용 유형

Rafaeli(1988)는 상호작용성을 메시지 내용의 연계로 보고, 비상호적인 쌍방향 커뮤니케이션(two-way(non interactive) communication), 유사상호작용적인 반응 커뮤니케이션(reactive(or quasi-interactive) communication), 완전한 상호자용적 커뮤니케이션(fully interactive communication) 등과 같이 세 가지 수준으로 구분하였다.

이후 Rafaeli(1997)는 일방향 커뮤니케이션(one way communication), 쌍방향(반응) 커뮤니케이션(two way(reactive) communication), 상호작용 커뮤니케이션(interactive communication) 등과 같이 수정된 모델을 제시하였다.

Rafaeli(1997)에 따르면 반응 커뮤니케이션에서는 단순히 한편에서 다른 한편에 대해 반응하는 형식으로 커뮤니케이션이 이루어진다. 그러나 상호작용 커뮤니케이션에서는 후행 메시지가 선행 메시지를 반영할 뿐만 아니라 선행 메시지들 간의 관계성까지 고려할 것을 요구한다. 상호작용성은 이러한 커뮤니케이션 과정을 통해 참여성과 사회성을 유도하게 되며 사회적 실재를 형성하게 된다(최영, 김병철; 2000).

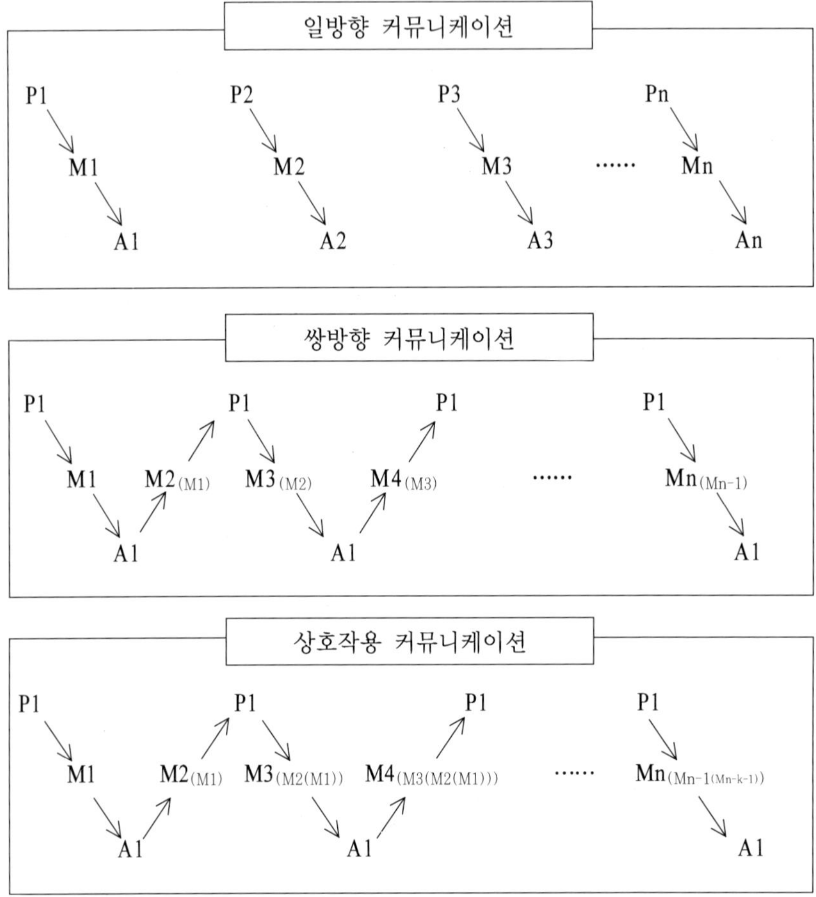

[그림 1] Rafaeli의 상호작용 커뮤니케이션 모델(P-화자, A-청자, M-메시지)

[그림 1]은 Rafaeli(1997)의 상호작용 커뮤니케이션 모델을 나타낸 것이다. 일방향 커뮤니케이션은 일방적으로 메시지를 전달하는 일방향적 대화 방식을 말하고, 쌍방향(반응) 커뮤니케이션은 메시지를 서로 주고받는 과정에서 자극에 대한 반응이 제한된 범위 내에서 일어나는 것이며, 상호작용 커뮤니케이션은 자극과 반응이 자유롭게 오가는 형태를 말한다.

③ Moore의 상호작용 유형

Moore(1993)는 온라인 교육에서 가장 중요한 개념으로 원격, 독립성, 상호작용을 이야기하면서 상호작용에 대하여 큰 관심을 가졌다. 그도 온라인 상황에서 나타나는 상호작용 유형에 대해서 Bates(1990)와 유사한 관점을 보였는데, 1989년에 열린 The Divisions of Independent Study and Educational Telecommunications of the National University Continuing Education Association의 공개토론회에서 원격교육에서 중요한 상호작용에 대하여 발표하는 과정 속에서 다음과 같이 세 가지 상호작용 유형을 제시하였다. 즉 학습자와 학습 내용과의 상호작용(Learner- Content Interaction), 학습자와 교수자 간의 상호작용(Learner-Instructor Interaction), 그리고 학습자와 학습자 간의 상호작용(Learner-Learner Interaction)과 같이 세 가지 유형에서 상호작용의 차이점을 이해해야 한다고 주장하였다. Moore와 Kearsley(1996)의 연구에서도 이 세 가지 상호작용 유형에 대하여 자세하게 설명하고 있다.

전통적인 교실수업에서 교사가 전달하는 학습 내용으로 구성되었던 것에 비해 온라인 교육에서는 웹을 통하여 학습 자료가 제공되어 이를 통해 학습자와 학습 내용과의 상호작용이 이루어지고 있다. 또한 학습자의 수준과 진도에 맞추어 차별화된 학습 자료의 제공이 가능해져 웹을 통한 자료의 제공이 일방적인 학습 자료의 제공이라고 비판받는 단점을 극복하고 있다.

학습자와 교수자 간의 상호작용은 학습에 있어서 가장 중요하고 핵심적인 과정이라고 할 수 있다. 교수자는 학습자와의 상호작용을 통해서 학습자의 이해도를 판단하고 적절한 피드백을 제공함으로써 학습 동기를 자극하고 유지시킨다. 개별학습이 강조되는 온라인 학습의 경우에는 교수자가 학습자에게 정보를 전달하는 역할 이외에 학습자의 학습 지속력을 강화하는 역할이 크게 필요하게 된다. 따라서 학습자와 교수자 간의 상호작용은 이런 측면에서 강조되고 있다.

학습자와 학습 내용과의 상호작용이나 학습자와 교수자 간의 상호작용은 일반적인 교육 환경에서 가장 기본적이고 일반적인 유형으로 현재까지 많은 교육전문가들도 본질적인 것으로 인식하고 있는 유형이다. 이에 반해서 학습자와 학습자 간의 상호작용은 일반 면대면 상황에서 보다 온라인 상황 속에서 더욱더 강조되는 부분으로 Moore(1993)도 이 유형이 원격교육(distance education)에서 나타나는 새로운 유형이라고 하였다. 학습자와 학습자 간의 상호작용은 개별적, 혹은 그룹별로 서로의 의견을 교환하거나 토론하는 과정을 통해, 자신의 아이디어와 다른 학습자의 아이디어를 공유하고 논리적으로 발전시키는 과정을 거침으로써 학습을 진행해 나가는 것을 의미한다. 1990년대 초반까지만 해도 서로 떨어져 있는 사람들끼리 상호 작용하는 것은 거의 불가능하였지만, 컴퓨터와 네트워크와 같은 정보통신 매체의 발달로 온라인상으로 상호 작용하는 것이 일상생활의 일부분이 되어가고 있다. 또한 일반적인 교육 활동은 앞의 두 가지 형태의 유형으로 이루어지는 것이 보편적이지만, 학습자와 학습자 간의 상호작용도 때로는 학습에 매우 중요하고 필수적인 역할을 한다. 학습자들의 상호작용은 상호간에 동료 학습자라는 심리적 유대감을 강화시킴으로써 정서적인 안정감을 주고 자료나 정보의 교류를 통하여 학습 효과를 더욱 높여 줄 뿐만 아니라, 협동학습 같은 상호작용을 통하여 대인관계 기술 및 사회 적응력 향상 등의 교육 효과를 거둘 수 있다(임정훈, 1999b).

Moore(1993)와 Moore와 Kearsley(1996)의 분류는 웹 기반 수업에서 각 영역에 해당하는 상호작용 촉진 방안 고려를 위한 인식의 틀을 제공한다. 하지만 상호작용에 대한 분류가 포괄적이고, 실제로 학습자와 내용, 학습자와 교수자, 학습자와 학습자 간에 어떠한 상호작용이 역동적으로 일어나고 있는지, 또한 역동적인 상호작용을 위해서는 구체적으로 어떤 내용과 활동이 고려되어야 하는지에 대해서 해답을 제시하지 못하는 단점이 있다(최정임, 1999).

④ Paulsen의 상호작용 유형

　Paulsen(1995)은 컴퓨터 매개 통신(Computer-Mediated Communication)을 이용한 학습 상황에서 학습에 참여하는 사람들 사이의 상호작용 유형을 참여자의 수를 기준으로 하여 개별학습(One-alone), 일대일(One-to-One) 모형, 일대다(One-to-Many) 모형, 다대다(Many-to-Many) 모형으로 세분화하였는데, 이는 Rapaport(1991)가 분류한 컴퓨터 매개 통신에서 사용되는 네 유형의 의사소통 패러다임(정보 재생(Information Retrieval), 전자우편, 게시판, 컴퓨터 회의)과 Harasim(1989)이 학습 접근 방식을 일대일, 일대다, 다대다 방식으로 분류한 것을 근거로 하여 네 가지 유형의 상호작용을 제시하였다(김미량, 1988). 개별학습은 온라인 교재 패러다임(Online Resourse Paradigm)으로 불리는데, 온라인상에서 제공되는 다양한 정보(데이터베이스)와 소프트웨어, 학습 자료를 활용하는 방식으로 근본적으로 학습자가 독자적으로 학습을 진행하는 것을 말한다. 일대일 모형은 전자우편 패러다임(The E-mail Paradigm)으로, 주로 전자우편을 이용하여 학습자와 교수자가 상호 작용하는 형태로 학습 계약(learning contracts), 도제 수업(apprenticeships), 통신 연구(correspondence studies)의 방식으로 이루어진다. 일대다 모형은 게시판 패러다임(The Bulletin Board Paradigm)으로 게시판의 기능을 활용하여 교수자가 학습자에게 특정의 정보를 제공하는 것이 특징이며, 학습자는 주로 게시판을 읽는 정도에서 제한된 참여를 할 수 있는 것이 일반적이다. 다대다 모형은 컨퍼런싱 패러다임(The Conferencing Paradigm)으로 교수자와 학습자의 구분이 없이 모든 참여자들이 상호작용에 참여하는 동등한 기회를 갖는 형태이다. 이 방식은 온라인 토론, 시뮬레이션, 역할극, 사례 연구, 토론 그룹, 브레인스토밍, 델파이 연구 등의 활동이 포함되는데 특히 가상공간에서의 논쟁이나 토론은 특정 주제에 대한 상반된 의견을 통해 제시된 여러 사람들의 다양한 관점과 아이디어가 공개됨으로써 개개인이 자신의 생각과 아이디어를 수정·개선할 수 있다는 장점이 있다(임정훈, 1999b).

(3) 상호작용의 특성

전통적인 면대면 수업이나 우편·통신 등을 활용한 원격교육 환경에 비해서 웹을 활용한 온라인 교육은 학습자와 학습자 간의 상호작용이 극대화된 형태를 띠고 있는데, 대인 간 상호작용 측면에서 보았을 때 여러 가지 특성을 보인다. 다음은 임정훈(1999b)이 임정훈(1998), 정인성과 이대식(1993), Harasim(1990)의 연구를 바탕으로 정리한 5가지 특성이다.

첫째, 상호작용에 참여하는 사람들은 근본적으로 서로에 대해서 알 수 없다. 학습자들이 다른 학습자들의 사회적 지위, 외모, 연령 등의 특성에 대해서 자세하게 알 수 없기 때문에 나타나는 여러 가지 장점과 단점도 존재한다. 긍정적인 측면으로 보면 면대면 상황에서는 상대방의 사회적 지위나 연령에 제한을 받아 활발한 상호작용이 일어날 수 없는 반면에 온라인상에서는 비교적 수월하게 상호작용이 일어날 수 있다. 그러나 익명성에 의해서 나타날 수 있는 상호 비방의 문제나 온라인 활동에 지속적으로 참여하려는 의지가 약해질 수 있으며, 상호작용의 내용이나 주제도 한정될 수 없다는 부정적인 측면도 존재한다.

둘째, 온라인 활동은 모든 사람들에게 여과되지 않고 공개된다는 특성이 있다. 물론 전자우편과 같은 방법은 제한된 사람만 볼 수 있지만, 웹을 이용한 학습 환경은 거의 모든 상호작용의 내용이 다른 이용자들에게 투명하게 공개된다. 이것은 상호작용의 내용이 모두 기록되어 다른 학습자들에게 내용적으로나 동기부여 측면에서 도움을 줄 수 있지만, 의도하지 않은 학습자들에게 영향을 줄 수도 있기 때문에 교수자는 상호작용의 내용을 특정 학습자에게만 공개하는 제한된 방법을 사용하기도 한다.

셋째, 웹을 이용한 온라인 학습은 상호작용의 모든 과정을 기록하여 영구히 보존할 수 있는 특성을 지니고 있다. 면대면 상황에서는 비디오 촬영이나 녹음 등의 방법을 활용하여 따로 저장해야 하지만, 웹 환경에서는 특별한 하드웨어 준비가 없이도 서버에 모든 상호작용 내용이 기록되며, 나중에 이를 수정·편집하여 재사용할 수도 있다.

넷째, 웹 기반 학습의 경우는 이를 운영하는 운영자 내지는 교수자의 역할이 특히 부각된다. 웹 기반 학습 환경 자체가 공개된 정보의 교환과 상호작용 공간으로서 성격이 강하기 때문에 이를 관리하고 운영하는 운영자가 큰 역할을 담당하게 된다. 일반적으로 교수자가 운영자의 역할을 담당하는 경우가 많은데 학습자의 활동을 지원하고 학습자들의 요구에 얼마만큼 적절하게 반응하는가는 학습자들의 참여 동기를 극대화하는 데 큰 역할을 한다.

그 외에도 김민조(1999)는 WBI에서의 상호작용은 다음과 같은 특징을 가진다고 하였다.

첫째, 비동기적 상호작용이 가능하다.
비동기적이란 한쪽의 반응이 다른 한쪽에 전달될 때 시간의 차이가 나는 것으로, 웹에서는 정보를 보내는 사람이 자신이 원하는 시간에 정보를 제공하고, 받는 사람은 저장되어 있는 정보를 자신의 편한 시간에 읽어 볼 수 있다. 따라서 학습자들은 자신이 원하는 시간에 자신만의 속도로 학습할 수 있고, 정보를 읽고 그에 대한 자신의 견해를 구성하는 데 필요한 시간을 마음껏 조절할 수 있다.

둘째, 가상공간에서의 상호작용이다.
정보를 제공하거나 필요한 사람은 상호작용을 하는 쌍방이 동일한 물리적 공간을 점유하지 않아도 된다. 가상의 공간에서 정보를 주고받는다.

셋째, 일대다 상호작용과 다대다 상호작용이 가능하다.

일대다 상호작용은 한 사람이 다수의 사람과 동기적, 비동기적 정보를 교류하는 것을, 다대다 상호작용은 다수의 사용자들이 다수의 사용자들과 정보를 교류하는 것을 의미한다.

넷째, 멀티미디어를 이용한 상호작용이다.

언어정보와 시각정보를 동시에 제공하는 상호작용이 가능하다.

3) WBI 학습 유형

(1) WBI의 유형

Harris(1995)에 의하면 WBI는 세 가지 유형으로 나누어 볼 수 있다.

① 의사교환 방식

전자우편이나 게시판 또는 채팅의 기능을 이용하여 같은 주제에 대한 의사를 교환하고 학습하는 형태로 교사는 학생의 질문에 대하여 가정교사와 같은 역할을 하게 된다.

② 정보 수집 방식

인터넷을 통하여 학습 주제에 관련된 자료를 수집하고, 생성하며 교환하여 학습 자료로 활용하는 정보교환 시스템이다. 학생들은 협력하여 주제에 대한 데이터베이스를 구축하면서 학습한다.

③ 문제 해결 방식

어떤 문제를 공동으로 해결해 가며 문제 해결 능력을 키워나가는 학습 형태로 학생들이 같은 주제에 대하여 정보를 수집하고 해결책을 제시한다. 정보검색, 모의실험이나 전자출판 등의 활동을 할 수 있다.

(2) 한국형 WBI 유형

김현주(1998) 등은 기존의 WBI를 분석하여 한국형 WBI 모델을 제시하였다.

① 자료 검색형
수업의 보조 자료로 인터넷을 검색하는 것으로 교사는 원하는 자료가 어디에 있는지에 대한 정보를 제공한다.

② 개별학습형
전자교과서를 이용하여 학생들이 스스로 단계를 밟아 진행할 때, 각종 피드백을 제공하며 자기 주도적 학습이 이루어지도록 하는 형태이다.

③ 의사소통형
전자우편을 통하여 국내와 국제적으로 학생들 간에 이견을 주고받는 활동으로 교사의 지도 아래 학교단위와 학급단위에서 일정한 기간과 일정한 주제를 가지고 이루어진다.

④ 프로젝트 활동형
이 유형은 수업 시간에 이루어지기보다는 학년별로 특별활동 같은 시간에 참여할 수 있는 유형이다. 특정한 주제를 가지고 웹 사이트를 완성해 가거나 수행되고 있는 프로젝트에 참가하는 활동이 주가 된다.

3. 학습의 안내자로서의 교사

인터넷 학습체제가 제공하는 학습 환경은 학생 중심적 학습 환경을 구현한 것이다. 이것은 결국 지식 전달자에 불과하였던 교사의 역할이 변해야 함을 의미한다. 기존에 교사가 전달하던 지식은 인터넷을 통하여 더욱 다양하고 생생한 형태, 내용, 깊이를 지닌 지식으로 얻을 수 있기 때문에 지식 전달자의 역할은 무의미해졌다. 하지만 학생들이 익혀야 할 전반적인 교육내용이나 과정은 학생들에 의해 임의로 결정되는 것이 아니라, 교사들에 의해 학습 내용과 학습 목표가 결정된다. 그리고 그 범위 안에서 인터넷을 통해 학생들의 자유롭고 창의로운 접근과 생각이 펼쳐지게 된다. 따라서 교사의 역할은 이러한 학습 내용이나 교과과정을 결정하고, 나아가 그것을 학생들이 자율적이고, 적극적으로 의미 있게 탐구해 나가도록 도와주는 것이다(강인애, 1999).

1) 지식기반 사회와 인터넷 학습체제

현대사회에서 지식과 과학을 체계적으로 연결함으로써 일반적인 지식 특히, 과학적 지식의 폭발적 증가를 가져왔다. 이러한 현상은 정보 기술의 발달로 지식과 정보의 다양성은 더 이질적이고 점차 복잡해지고 있다. 지식이 교사에 의해 학생들에게 전달되었을 때 그 지식은 단순한 정보에 불과하다. 정보는 전달받은 사람이 습득하여 가공한 후에야 그 사람의 지식이 된다. 따라서 지식은 정보를 흡수하여 가공할 수 있는 개인의 능력에 따라 크게 달라진다. 인터넷 학습체제는 바로 이러한 개인 능력의 차이를 줄이는 데 효과적으로 사용될 수 있다.

(1) 학습 요소

지식기반 사회에서의 학습이 제대로 이루어지기 위해서는 다음의 요소가 필요하다(한국직업능력개발원, 1999).

- 학습은 의미 있는 내용과 적절한 주제들을 활용하여 구성되며, 학습자에게 흥미가 있도록 해야 한다.
- 자기 주도적 학습으로 개인 확신을 강화하며, 교육상담과 병행해야 한다.
- 신뢰할 만한 피드백이 제공되고, 자신과 타인을 인식하는 훈련이 포함되어야 한다.
- 학습자에게 학습 내용과 방법을 구성하고 조직하는 데 참여할 기회를 제공한다.
- 상호 접촉 및 타인과의 연결을 통한 학습이 이루어져야 한다.
- 학습은 학습자의 실수를 허락하며 학습자가 실수를 통해 배우도록 하는 분위기에서 이루어져야 한다.

(2) 학습 방법

지식기반 사회에서 구현될 학습의 형태는 다음의 다섯 가지이다.
- 학문 간의 연계와 연결을 주도하는 학습 장치
  (interdisciplinarity and overarching learning arrangements)
- 실제와 연관성을 갖는 프로젝트 중심 학습
  (project-based with practical relevance)
- 자기 주도적 학습 형태(self-directed and self-initiated form of learning)
- 다양한 집단과 팀 내에서의 학습
  (learning in various groups and teams)
- 매체 기반 학습 형태(media-based forms of learning)

(3) 교사의 역할

지식기반 사회에서의 교사의 역할은 지식습득 과정에서 정보를 제공하며, 항상 우선적으로 학생을 책임감 있고 자율적인 학생이 되도록 자극하고, 지원하고, 고무하는 조언자의 위치로 발전할 것이다. 특정 학문의 전문가가 아니라 학생들이 학습하는 과정을 조직하고 지원하며, 학생들 간에, 학생과 교사 간에, 그리고 교사들 간에 교류를 증진시키는 역할을 한다.

2) 인터넷 학습체제에서 교사의 역할

인터넷 시대의 교육은 학생과 학습 환경 간의 유의미한 관계를 창출하기 위해 학습 능력의 촉진 방법과 학생과 관련된 세계와의 관련성을 찾는 방법의 제시에 중점을 둔다(최욱, 1998). 이를 위해 교사는 학습촉진자(facilitator), 반성적 실행자(reflective implementor), 정보 관리자(information manager), 학습동반자(learning partner)의 역할을 하여야 한다.

인터넷 학습체제에서 학습의 촉진자로서의 교사는 학생의 학습 요구, 세부적인 학습 내용, 학습의 평가 방법, 학습의 진도가 학생이 자율적으로 결정할 수 있게 해야 한다(Hiemstra, 1997). 또한 학생 스스로가 정한 학습 목표를 달성하기 위한 학습 활동이 수시로 변화되고, 개선될 수 있도록 융통성과 탄력성을 발휘하는 반성적 실행자가 되어야 한다(Duffy, 1997). 정보 관리자로서의 역할은 단순히 학습 내용의 창고 역할이 아니라 학생이 정보를 직접 접촉할 수 있는 학습 환경을 조성하는 통로 역할을 하는 것을 의미한다. 이를 위해 교사는 학생이 필요한 정보의 효과적인 수집과 선택에 대한 통찰력을 기를 수 있도록 도와주어야 한다(Cunningham, 1993). 학습동반자로서의 교사의 역할은 학생들과 함께 정보를 탐색하고, 다양한 정보를 취할 수 있는 길을 마련하는 것이다.

이러한 교사의 역할은 인터넷 학습체제에 모두 적용된다. 학교단위에서 인터넷 학습체제를 운영할 경우 일반 교과목을 담당하는 교사는 학습의 촉진자로서 수업 시간에 전자교과서와 온라인 평가의 진단평가, 형성평가 등을 사용할 수 있게 안내한다. 또한 반성적 실행자로서 방과 후 온라인 학습을 통하여 다양한 학습 자료와 정보를 제공하며, 정보 관리자로서 질문에 대한 답변을 하는 등 학습 내용과 방향성을 학생들에게 제시해 주고, 학습의 동반자로서 온라인 상담을 운영해야 한다.

3) 교사의 정보소양

OECD의 미래학교 프로젝트를 주도하고 있는 Istance(1999)에 의하면 21세기 교사에게 요구되는 자질은 다음과 같다.

- 전문성: 전공교과에 대한 지식과 이해가 요청되고, 이를 계속적으로 업데이트해야 한다.
- Know-how를 강조하는 교수법: 높은 수준의 지식과 기술을 전수하는 것뿐만 아니라 "어떻게"라는 학습 방법을 강조하고, 학습에 대한 동기를 불러일으켜 주고, 창의력과 협동심을 고취하는 전문 능력이 있어야 한다.
- 테크놀로지에 대한 이해: 테크놀로지가 지니고 있는 교육적 잠재력을 이해하고 이를 교수 전략에 통합하는 능력이 요구된다.
- 조직능력과 협력: 학습 조직의 일원으로서 동료교사로부터 배우거나, 동료교사를 가르칠 수 있는 능력과 자세가 요청된다.
- 유연성: 교사들은 사회의 변화에 따라 새로운 전문적 자질을 습득할 것을 요구받을 때 이를 수용할 수 있는 유연성을 갖추어야 한다.

인터넷 학습체제를 운영하고 참여할 교사는 '유연성'과 '테크놀로지에 대한 이해'의 면에서 다양한 컴퓨터 활용 능력을 비롯한 정보소양을 가져야 하며, '전문성'과 '노하우를 강조하는 교수법'의 면에서 교과내용에 대한 전문적인 지식을 가지고 있어야 한다. 또한 '조직 능력과 협력'의 면에서 인터넷 학습체제를 운영할 때 동료교사와 함께 하는 공동체를 형성해야 한다.

그러나 인터넷 학습체제를 활용하고 운영하는 데에 있어 무엇보다도 중요한 것은 컴퓨터 활용 능력이다. 이것이 없으면 자신감이 결여되어 원만한 운영과 학습의 진행을 할 수 없기 때문이다.

국내의 교사를 대상으로 하는 컴퓨터 교육연수는 여러 기관에서 진행되고 있으나, 연수의 내용이 컴퓨터 교육의 현장 활용도가 낮은 내용인 정보통신기술 등이 주를 이루는데, 교과지도와 정보통신기술에 통합을 두는 교육내용으로 바뀌어야 한다(유인환, 1999).

4) 온라인과 오프라인의 연계 지도

과학 교과에서 온라인과 오프라인이 연계되어 학습되는 대표적인 사례로 'Big6' 모델이 있다. 필요한 정보가 무엇인지를 파악하고, 인터넷에서 제공되는 여러 가지 정보들을 다양한 정보기술을 이용해서 잘 찾아내고 활용할 수 있는 능력을 키우는 것으로 과학정보 소양을 높이는 학습 모델이다. 이 모델은 여섯 단계를 거치게 되는데 그 과정은 다음과 같다.

학생들이 특정 주제에 대해 정보 조사를 할 때 이 여섯 단계에 따라 진행할 수 있도록 교사들이 안내해 주면 문제 해결을 할 수 있는 합리적인 정보 활용 능력이 함양될 수 있다.

[표 2] 정보검색의 Big 6 모델의 단계

1단계	과제 정의	● 해결할 과제의 요점 파악 ● 과제 해결에 필요한 정보의 유형 파악
2단계	정보탐색 전략	● 사용 가능한 정보원 파악 ● 최적의 정보원 선택
3단계	소재 파악과 접근	● 정보원의 소재 파악 ● 정보원에서 정보 찾기
4단계	정보 활용	● 찾아낸 정보의 읽고, 보고, 듣기 ● 적합한 정보 가려내기
5단계	통합정리	● 가려낸 정보들의 체계적 정리 ● 최종 결과물 만들기
6단계	평가	● 결과의 유효성 평가 ● 과정의 효율성 평가

1단계 '과제 정의'에서 교사는 우선 어떤 주제가 인터넷 정보검색에 적합한지 판단해서 과제를 만들어내야 한다. 그리고 그 과제에 대해 모범 답안을 마련하면서 인터넷에서 제공하는 정보의 신빙성을 검증해야 한다. 대체로 '믿을 만한 사이트'는 공신력 있는 법인체에서 만든 홈페이지나 업데이트 빈도가 높고 출처를 명확히 제공하는 사이트 등이다. 이러한 기준을 2단계 '정보탐색 전략'에서 학생들과 공유해야 한다. 학생들이 일반적으로 정보를 검색하는 방법은 키워드나 문장 검색을 지원하는 검색 사이트를 활용하는 것이다. 그러나 중요한 정보들은 단순한 키워드 검색이 아닌 그 주제와 관련된 각종 '기관 사이트'를 통해서 점진적으로 정보에 접근해야 얻을 수 있다. 이러한 정보원의 소재를 파악하고, 그곳을 방문하여 정보를 찾아내는 것이 '소재 파악과 접근'의 3단계이다. 평소에 이런 사이트를 '즐겨찾기' 설정을 통해 목록화하고, 또 서핑을 하면서 즐겨찾기에 새로운 사이트를 등록하는 습관을 들여야 한다. 예를 들어, 10학년 과학의 전기에너지 단원에서 '소비전력'에 관한 학습 내용을 이 모델에 따라 수업을 진행하는 경우를 보자. 과제를 '전기요금 절약하는 방안'으로 정하게 되면, 학생들은 먼

저 검색 사이트에서 '전기요금 절약' 이라는 검색어로 찾아보게 될 것
이다. 그 결과는 네티즌이 올려놓은 절약방법 사례, 기업체가 전기절약
형 물품들을 소개하는 홈페이지, 각종 기사와 도서 내용들이 검색되어
제시된다. 이런 결과는 과제 해결을 위한 단편적인 지식을 줄 뿐 보다
체계적인 사고가 불가능하게 한다. 교사는 이러한 사항을 미리 알고,
학생들에게 전기와 관련된 기관 홈페이지를 먼저 찾아 접근하도록 해
야 한다.

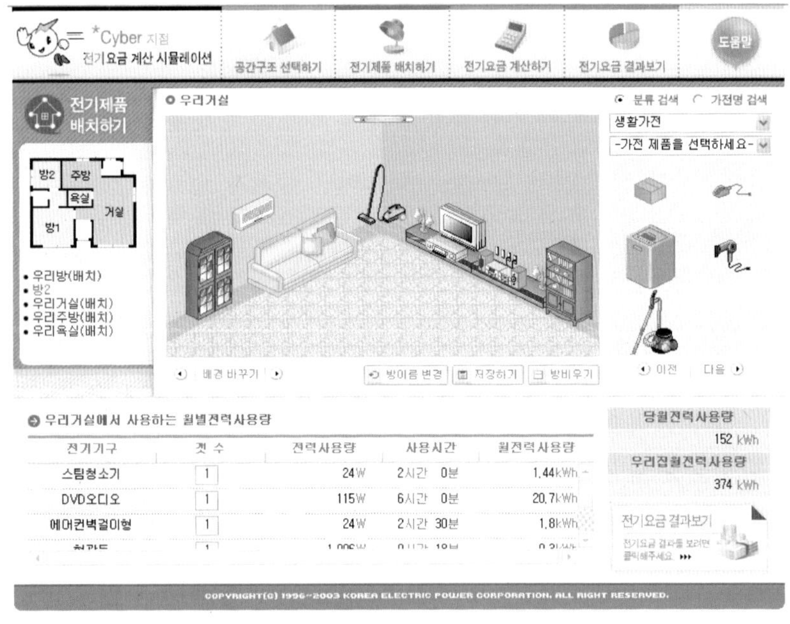

[그림 2] 한국전력공사의 전기요금 시뮬레이션

'한국전력공사'의 사이버 지점인 'http://www.kepco.co.kr/cyber/'에 접
속하면 '전기요금 시뮬레이션' 코너가 있는데, 가전제품별로 소모되는
전력량, 가전제품별 사용량에 따른 전기요금, 가정에서 쉽게 절약하는
방법 등을 확인해 볼 수 있다. 특히 집의 공간구조(평형과 방과 거실의
구조)를 선택하고, 사용할 전기제품들을 사용자가 마음대로 배치하여

전기요금을 계산하는 시뮬레이션은 실제 가정에서 전기를 절약하는 방법을 가상으로 구현할 수 있어 많은 정보와 방법들을 제공해 준다. 이러한 최적의 정보원이 존재함을 교사는 미리 알아야 하고, 이러한 정보원을 학생들이 떠올릴 수 있게 유도하는 질문-예를 들어 '우리나라 전기요금을 매기는 곳이 어디일까? 그곳에 절약하는 방법을 제공하지 않을까?' 등을 마련해야 한다. 그리고 정보원에서 최선의 정보를 찾기 위한 메뉴를 미리 예상하고 그 메뉴를 찾도록 해야 한다. 즉 '전기요금을 계산해 주는 기능은 없을까?'라는 질문으로 학생들이 '전기요금 정보' 메뉴를 통해 정보를 찾을 수 있게 해줘야 하는 것이다.

한편 교사들은 대체로 학생들의 인터넷 정보검색의 결과만을 중요하게 생각하는데, 정말 중요한 것은 '정보를 찾는 과정'이다. 이를 위해 아이들이 그 정보를 어떤 과정을 거쳐 도달하게 되었는지를 나타내는 '정보 찾기 과정의 지도'를 그리게 하는 방법이 있다. 영화에서 메이킹 필름이 있는 것처럼 정보탐색에서도 정보를 찾는 과정을 기술하게 하는 것이다. 이런 활동을 4단계인 '정보 활용'에서 할 수 있다. 예를 들어, 중학교 2학년 과학 '빛' 단원에서 '빛의 합성' 원리를 과제로 정하고, 학생들에게 그 정보에 도달하기까지 과정을 표로 정리하면 다음과 같은 결과를 얻을 수도 있을 것이다.

순서	방문 사이트	결 과	비 고
1	www.naver.com	빛의 합성으로 검색 → 대다수의 결과들이 현상만을 제시함. → 원리를 설명할 수 있는 한 편의 논문 발견	논문 제목: 스펙트럼 그림 활용에 의한 빛의 합성에 대한 학생의 개념변화
2	koreascience.org	논문의 출처인 한국과학교육학회 홈페이지를 방문 → 유료회원제라 포기	저자들에게 연락할 방법 모색함.
3	www.naver.com	인물검색 → 가장 가능성 있는 정보를 알아냄(○○대학교 물리교육과)	그 학과 홈페이지를 방문하여 연락처 알아냄.
4	xxx.xxx.xxx	교수님의 안내로 교수님 개인 홈페이지 방문 → 자료 찾음	'빛의 상과 색의 원리' 문서 발견

위의 정보 찾기 과정을 보면 중간에 정보 찾기가 끊어졌지만, 인터넷의 검색 기능을 이용하여 오프라인의 정보를 얻어 다시 온라인으로 이어지고 있다.

학생들이 정보를 찾아 최종 결과물을 만드는 5단계 '통합 정리'에서는 가끔 남의 글을 카피할 경우가 있다. 이럴 때는 비록 그 글을 다른 목적에 활용하는 것은 아니어도 적어도 저자에게 인용을 허락받는 메일을 보내게 한다. 이는 글을 올리는 사람은 신중하게 되고, 글을 카피하는 아이들에게는 저작권에 대한 예의를 배우게 하는 효과를 갖게 할 것이다. 또, 이 과정은 정보를 올리는 사람에게는 올리는 정보에 대한 책임감을 갖게 하고, 정보를 받는 사람에게는 무분별한 복제를 경계하는 효과를 갖는다.

끝으로 학생들이 제출한 보고서에 대한 6단계 '평가'가 이뤄지게 되는데, 이때는 정보를 찾게 된 과정이 얼마나 효율적인지와 그 결과의 신빙성과 어느 정도 유효한지에 초점이 맞춰져야 할 것이다. 예를 들어, 중학교 2학년 '여러 가지 운동'의 단원에서 물체의 빠르기와 관련된 주제로 '가장 빠른 육상 종목'을 택한다면, 학생들은 육상 기록에 관한 정보를 수집해야 할 것이다. 이때 정보를 찾는 가장 효율적인 방법은 지난 2004년 8월 13일부터 8월 29일까지에 열린 제28회 아테네 올림픽대회 공식 홈페이지에서 각 종목 금메달리스트를 찾으면 될 것이다. 어떤 스포츠 신문사 홈페이지를 방문하여 정보를 찾는 것보다 공신력과 유효성이 뛰어난 정보를 제공할 것이다. 그래서 육상의 여러 종목에서 우승한 선수들의 각종 정보를 인터넷에서 찾아보면 다음과 같은 결과를 얻게 된다.

종 목	선 수	국 적	기 록
남자 100m	GATLIN Justin	미 국	9.85초
남자 200m	CRAWFORD Shawn	미 국	19.79초
남자 800m	BORZAKOVSKIY Yurity	러시아	1분 44.45초
남자 10000m	BEKELE Kenenisa	이디오피아	27분 5.10초
마라톤(42.195km)	BALDINI Stefano	이탈리아	2시간 10분 55초

이 정보만으로 보면, 남자 100m 종목의 선수들의 평균 속력이 제일 빠르다. 그러나 200m 종목과 아주 근사한 차이이므로, 보다 많은 정보가 필요하며 또 다른 올림픽 기록과 월드대회 기록을 찾아 같은 방법으로 평균 속력을 구하면, 어떤 종목이 가장 빠른 것인지 확인할 수 있어 더욱더 유효성이 뛰어난 정보가 축적될 것이다.

4. 학습 주체로서의 학생

인터넷 학습체제는 21세기가 요구하는 교육이론과 그것의 구체적 실천을 할 수 있는 도구로서 최첨단 정보기술을 기반으로 형성된다. 인터넷 학습체제의 학습 과정에 참가하는 학생들은 자발적인 소그룹을 형성하여 동료 학생들 간의 대화와 토론을 통해 학습 공동체를 유지하며, 자기 주도적 학습을 하게 된다. 특히 기존의 학습 통제권은 교사에게 있었으나, 인터넷 학습체제에서는 하이퍼미디어를 이용하여 학습의 통제권이 학생에게로 대부분 이양된다(강인애, 1999). 그와 동시에 중요하게 대두된 사항은 학습이 이루어지기 위해서는 학생들의 적극적인 참여가 있어야 한다는 사실이다. 따라서 이러한 학습 환경에서 학생은 사신의 학습에 대한 책임과 적극성, 관심을 가지고 자율적으로 학습을 진행해 나가야 한다.

1) 자기 주도적 학습

(1) 개념 및 특성

자기 주도적 학습이란 학습자가 전체 학습 과정을 자발적으로 이끌어 나가며, 학습 경험을 계획하고, 시행하고, 평가하는 일차적인 책임을 스스로 맡는 학습 과정이다(김도윤, 1999).

자기 주도적 학습은 다음과 같은 특성을 가지고 있다(백영균, 1996).

- 학습자가 수업의 주도권을 가지고 있다.
- 자기 주도적 학습은 학습 목표, 학습 수준, 학습 내용, 학습 방법, 학습 평가기준 등이 학습자에 의해서 결정된다.
- 학습자의 개인차를 중시한다. 학습자는 자신의 능력에 따라 학습 속도를 조절할 수 있다.
- 학습자의 선행 경험이 중요한 학습 자원이 된다.
- 학습 결과에 대한 책임이 학습자에게 부여된다.

이와 같은 특성으로 자기 주도적 학습을 경험한 학생들은 높은 학업 성취도를 보이고, 학습에 대한 높은 자신감을 가지게 된다(신민희, 1998).

(2) 인터넷 학습체제의 자기 주도성

인터넷 학습체제에서 온라인 학습은 교사의 교수 행위와 학생의 학습 행위가 분리되어 행하여지므로 개별학습의 자율성에 중점을 둔다. 개별학습자인 학생이 스스로 학습을 계획하고 결정하고 수행해야 성공적인 온라인 학습을 할 수 있다. 즉, 학습의 책임이 학생에게 주어짐으로써 자기 주도적 학습의 특징을 가지게 된 것이다.

인터넷 학습체제가 제공하는 자기 주도적 학습 환경은 온라인 평가에 의해 학생 스스로 학습 목표를 세울 수 있는 정보를 제공하는 것에서 출발한다. 전자교과서를 통한 다양한 자료의 제공과 온라인 상담을 통한 학습에 대한 안내와 학습 전략에 대한 제공은 자기 주도적 학습 환경의 밑거름이 된다.

2) 인터넷 학습체제에서 학생의 역할

21세기의 교실수업의 환경은 다음과 같이 변할 것이다(강인애, 1999).

- 선형적, 단계적, 획일적 학습에서 하이퍼미디어 학습으로
- 주입식, 전달식 수업에서 참여와 구성의 학습으로
- 수동적 학생에서 자율적 학생으로
- 학교교육에서 평생교육으로
- 지겨운 학습에서 재미있는 학습으로
- 지식 전달자로서의 교사에서 촉신자로서의 교사로

이와 같은 변화는 모두 인터넷 학습체제에 의해 구현될 수 있다.

(1) 하이퍼미디어 수업

학생들은 인터넷의 하이퍼링크 기능을 통하여 자신의 관심과 수준에 따라 학습하는 내용, 방향, 깊이 등을 정하고, 지속적인 학습을 한다. 흔히, 프로젝트 중심 학습이나 문제 중심 학습 등이 대표적으로 언급되는 방식이다.

(2) 참여와 구성의 학습

인터넷을 활용하는 수업은 TV, OHP, 슬라이드 등의 매체를 통한 학습에 있어 학습의 통제권이 매체에서 학생에게 이양되는 것으로, 학생은 토론이나 논쟁, 조사 활동에 적극적으로 참여하면서 서로 협동하여 프로젝트를 진행한다. 이전의 매체는 일방적으로 내용을 결정하여 학생들에게 전달하기 때문에 학생들은 그냥 주어진 지식과 정보를 받아들였지만, 하이퍼미디어를 통해서는 학생들이 자기 주도적인 학습을 하게 된다. 이러한 학습 접근 방식은 구성주의에 기초한 것으로 학생 스스로가 학습법을 터득하여 자신에게 적합한 지식을 구성하는 것이다.

(3) 평생학습

급변하는 사회에 대처하기 위해서는 학습 방법이 중요시되며, 이러한 능력을 기르기 위해서는 특정한 지식을 습득하는 것보다 네트워크로 연결된 쌍방향커뮤니케이션을 활용하여 정보를 취사선택하는 정보 소양을 길러야 한다. 어떤 주어진 문제를 해결하기 위해 학생들은 자신에게 필요한 것과 불필요한 것에 대하여 선별, 평가하고, 다른 학생들과 의견을 나눔으로써 학습 방법을 스스로 터득하게 된다.

(4) 재미있는 학습

인터넷의 신기술을 적용하여 게임형식을 빌린 학습 자료를 제공할 수 있고, 대화방을 통하여 다른 학생들과 상호 작용하여 자신의 존재를 확인할 수도 있다. 학습에 대한 흥미와 동기부여를 이끌기 위해 다양한 멀티미디어 자료가 제공되어 학습 효과를 높인다.

3) 학생의 정보소양

인터넷 학습체제를 사용할 학생들은 최소한 다음과 같은 정보소양을 가져야 한다.

① 검색
인터넷으로 자료를 찾을 수 있는 검색 능력

② 탐색
웹 브라우저를 활용하여 다양한 멀티미디어 자료를 볼 수 있는 능력

③ 취사선택
제공된 정보들을 취사선택하여 자신의 의견으로 발표할 수 있는 능력

④ 발표
발표를 위해 문서를 작성할 수 있는 능력과 인터넷 활용 능력

위에서 제시한 정보소양을 활용하여 정보검색을 활용한 학습과 홈페이지를 활용한 학습, 상호작용을 활용한 학습 등을 할 수 있다(안상남, 1999).

Ⅱ. 개념 이해를 위한 교수-학습 방법

1. 전자교과서

1) 개 념

전자교과서는 기존 교과서의 모든 기능과 역할, 그리고 다양한 기능들을 제공하는 새로운 교육체제이며, 교수-학습 도구이다(유인환, 1999).

우리가 접하는 정보나 지식은 본질적으로 복잡하고 비선형적이며 입체적인 형태를 띠고 있는데, 전자교과서에서는 하이퍼미디어의 기능을 이용하여 관련된 정보들 간의 연결을 가능하게 하므로 지식의 본질적인 형태에 적합하다고 할 수 있다. 또한 기존의 인쇄매체로 된 교과서가 저자의 의도에 따라 내용이 조직되고 구조화되어 학생에게 일방적인 전달을 하는 닫힌 학습체제였지만, 전자교과서는 학생이 직접 조작하고 탐구하는 활동, 다양한 정보자원에의 신속한 접근, 학생 주도의 능동적인 상호작용적 학습, 하생 개개인의 교육적 요구를 반영한 개별화 학습 등의 열린 학습에 효과적인 매체라 할 수 있다.

2) 특 성

전자교과서는 자신의 필요에 맞는 학습 자료만을 검색하여 읽을 수 있으며 경우에 따라서는 자신이 원하는 정보를 개별적으로 저장하거나 가공하여 재사용하는 것이 가능하다(강숙희, 1998). 이와 같은 전자교과서의 특성은 학생 중심의 개별화 학습을 구현하는 데 유용하게 활용될 수 있다.

인터넷 학습체제에서 전자교과서가 가지는 특성은 다음과 같다.

① 하이퍼미디어를 이용하여 학생의 흥미 유발과 주의 집중이 가능하다.

동영상 및 음악 등 풍부한 멀티미디어 학습 자료가 하이퍼미디어로 연결됨으로써, 단순히 정지된 화면이 아닌 살아 움직이는 듯한 화면을 제공하여 동적인 느낌을 주어 흥미 유발과 집중이 효과적으로 일어날 수 있다.

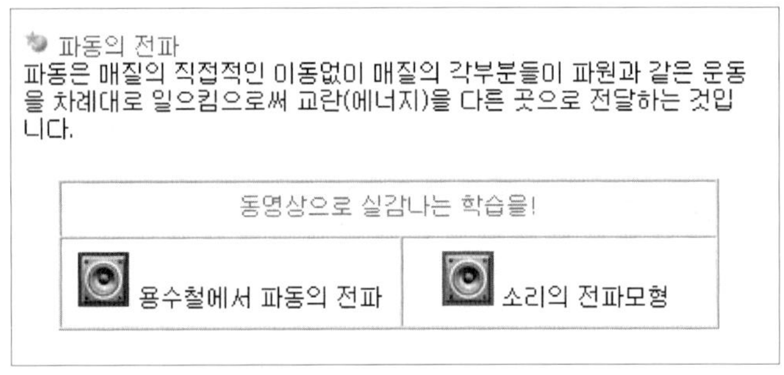

[그림 3] 동영상 자료

② 학생과 교사 간의 상호작용이 가능하다.

학생들은 학습 자료에 대한 질문과 의견을 게시판을 통하여 교사에게 전달할 수 있다.

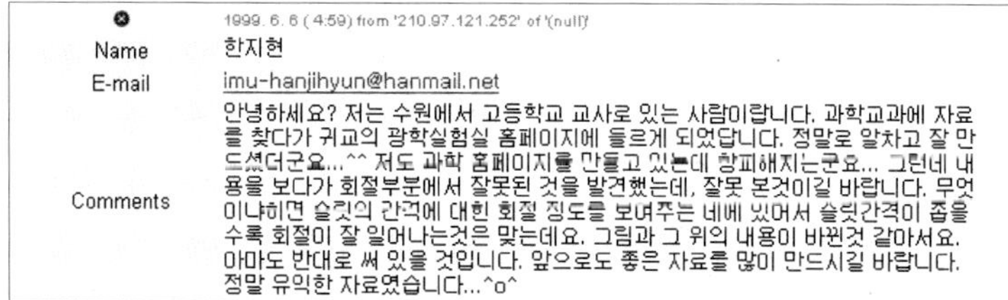

[그림 4] Q & A

③ 학생의 요구와 피드백에 따라 내용의 수정 및 추가가 가능하다.

학생의 요구와 학생들의 학습 결과 피드백을 고려하여 전자교과서의 내용이 수정되거나 추가될 수 있다. 추가되는 내용은 주로 심화·보충 자료이다.

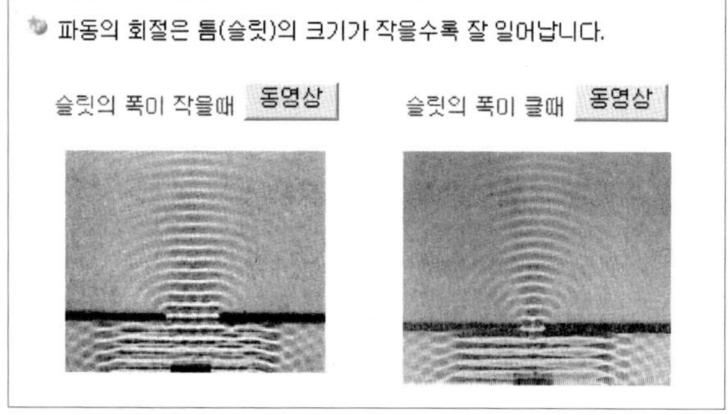

(a) 수정요구사항

(b) 수정 전 장면

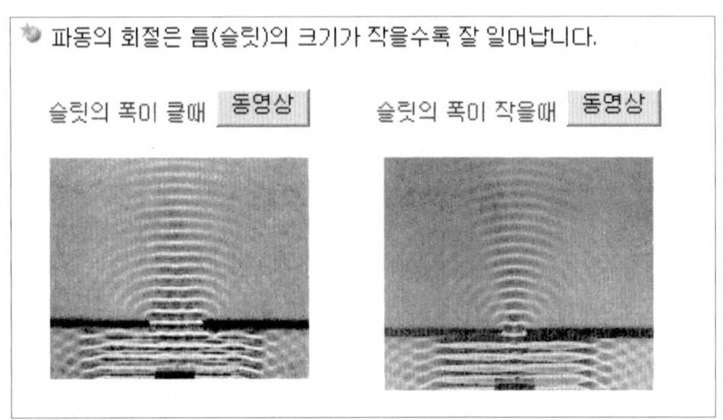

(c) 수정 후 장면

[그림 5] 피드백에 의한 내용의 수정

④ 자기 주도적 개별학습이 가능하다.

자신의 수준에 적합한 학습 자료가 제공되는데 그 내용의 깊이와 범위는 학습자가 선택할 수 있다. 그래서 학생은 학습의 과정 중에 그들의 필요에 따라 심화된 학습 내용에 비순차적으로 접근할 수 있어, 학생 스스로 학습의 보조와 양, 시간, 경로 등을 융통성 있게 선택하고 결정할 수 있다(Perkins, 1992).

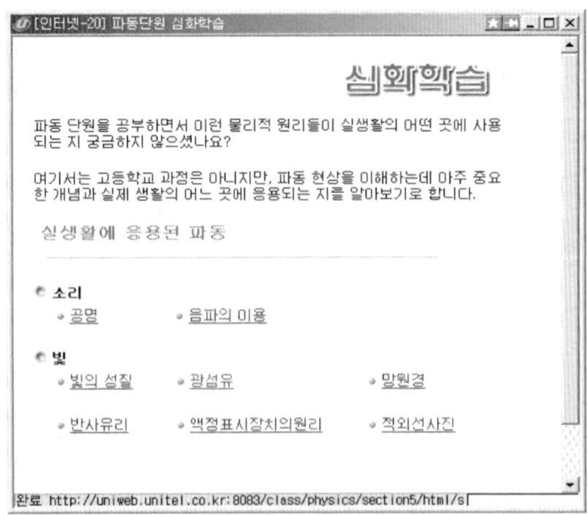

[그림 6] 심화학습 과정

⑤ 검색 기능을 통하여 타 교과의 관련 내용을 학습하는 것이 가능하다.

학생은 전자교과서 전 교과에 걸친 내용을 검색하여 관련된 지식을 다양하게 얻을 수 있으며, 다른 사이트를 통한 검색에 의하여 전자교과서 외부의 학습 자료도 학생이 직접 찾을 수 있다.

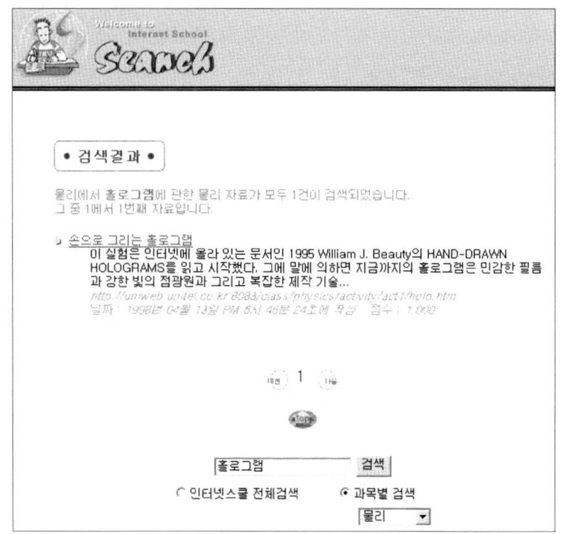

[그림 7] 인터넷스쿨의 검색결과 장면

3) 구성 및 기능

전자교과서의 일반적인 구성은 '학습 안내 영역', '학습 내용 제시 영역', '학습 활동 영역', '파지 및 전이 영역'의 4가지 영역이다(김소영, 1999). 또한 전자교과서의 기능적인 면은 '네비게이션 지원 기능', '학습 활동 지원 기능', '커뮤니케이션 기능'의 3가지 영역으로 나눌 수 있다.

(1) 학습 안내 영역

기본적으로 인터넷 학습체제는 학습의 선택권을 학생에게 전적으로 부여하는 대신, 학생의 학습량과 선택에 대한 정보를 제공한다. 따라서 각 학습 내용에는 분명하게 수준이 명시가 되어 있고, 그 학습 과정에 대한 설명이 제공된다. 이 때 네비게이션 기능에 대한 확실한 안내가 제공되어 학생의 학습 진도와 위치 등을 확인하고, 찾기 및 색인 등을 가능하게 해준다. 인터넷 학습체제에서는 이를 초기화면에서 제공한다.

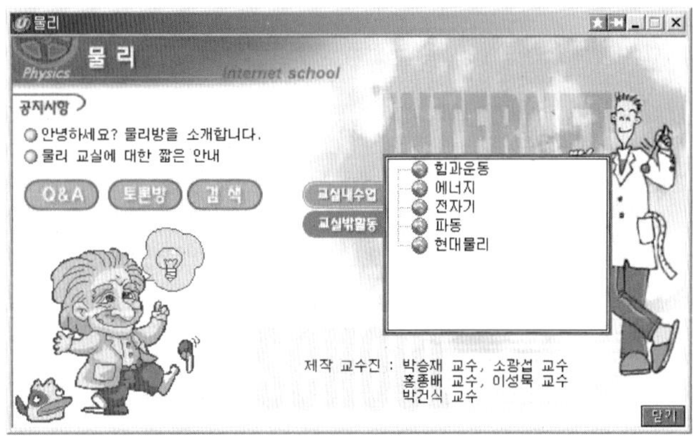

[그림 8] 인터넷스쿨의 물리교실 초기화면

(2) 학습 내용제시 영역

학생에게 설정된 학습 목표를 달성하기 위한 지식을 우선적으로 확인시키고, 그것이 미흡할 경우 다시 복습할 내용이 제공된다. 학습 내용은 다양한 멀티미디어로 제공되는데, 이때 플래시나 리얼 미디어 같은 플러그인 등의 외부 프로그램 연결이 가능하게 학습 활동의 지원이 일어난다. 또한 심화된 학습 내용이 필요한 학생에게 제공된다. 이러한 모든 학습 내용은 학습자-학습 내용 상호작용으로 이루어진다.

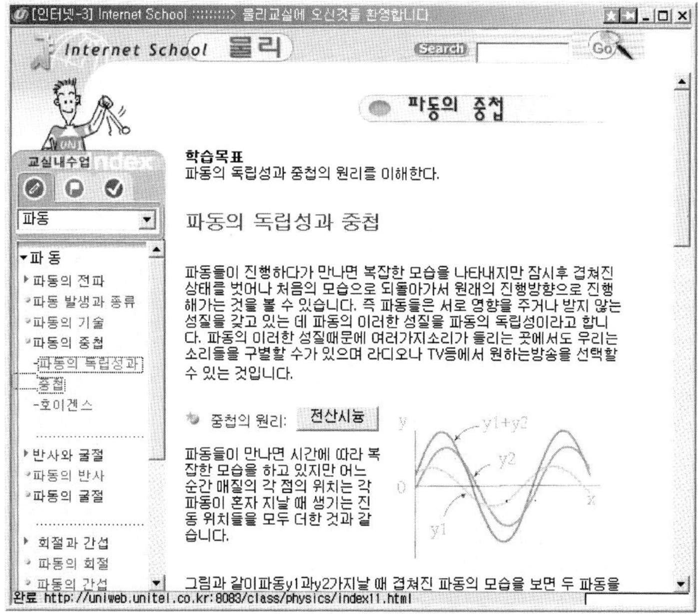

[그림 9] 인터넷스쿨의 학습 자료 예

(3) 학습 활동 영역

　각 단원이 끝나면 간단한 평가를 할 수 있어, 그 단원의 핵심 내용을 제대로 이해했는가를 본인 스스로 판단하게 해준다. 또한 게시판 및 전자메일을 통한 과제물 제출과 의견 제시로 학생들 간에 커뮤니티를 형성하여, 자신만의 좁은 사고에서 벗어나 다양한 생각과 의견 등을 공유할 수 있게 해준다.

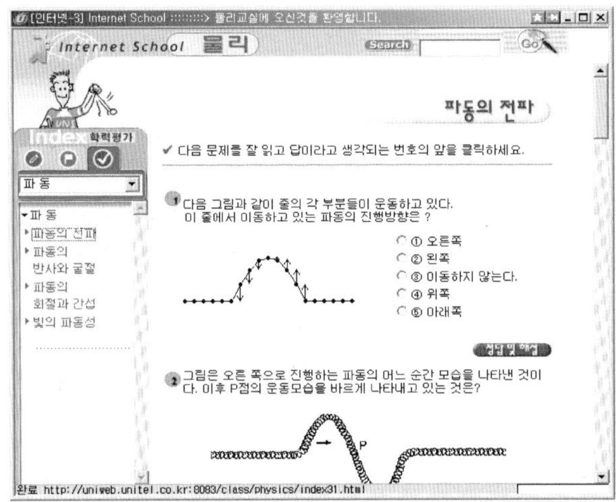

[그림 10] 인터넷스쿨의 평가문제의 예

(4) 파지 및 전이 영역

학생이 학습 내용을 익힌 후, 학습 내용에 대한 요약을 본인 스스로 할 수 있게 하고, 그 요약을 교사에게 제출함으로써 피드백을 얻을 수 있다. 또한 질문방을 통하여 학습 내용에 대한 각종 의문과 질문을 해결할 수 있다.

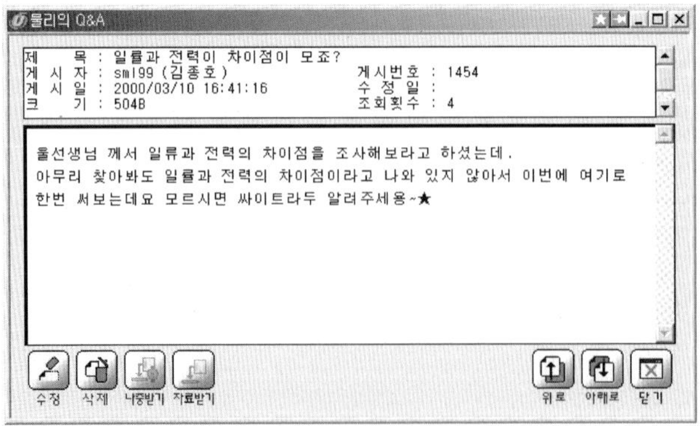

(a) 질문의 예

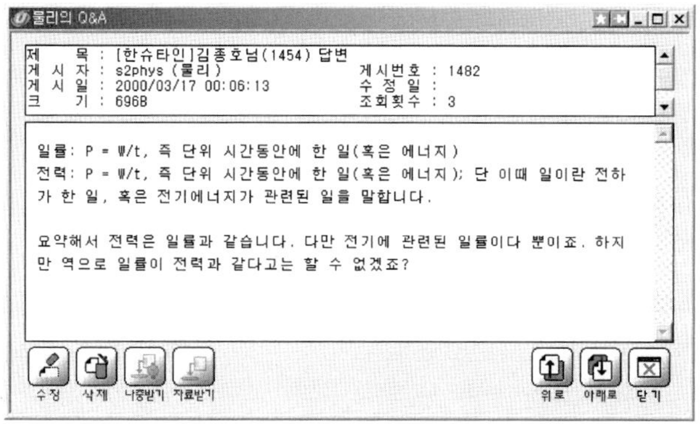

(b) 답변의 예

[그림 11] 인터넷스쿨의 질문방 사용 예

4) 학습 내용의 제작

전자교과서에 담길 학습 내용의 제작은 학습 내용의 웹 문서 설계에
따른 문서 배치(layout)[1], 멀티미디어 요소의 분량[2] 등을 벗어나, 다음
의 네 가지 관점에서 제시하였다.

(1) 멀티미디어

멀티미디어 자료는 학습 내용에 가장 적합한 미디어로 웹 문서를 만
들기 전에 미리 개발한다. 이를 위해서는 내용 분석이 우선되어야 하
며, 이것을 바탕으로 적절한 미디어의 사용이 결정되어야 한다.

---

1) John Morkes & Jakob Nielsen(1997), Concise, SCANNABLE, and Objective:
   How to Write for the Web,
   http://www.useit.com/papers/webwriting/writing.html
2) 박인우(1999), "Ch5. 웹 기반 교육의 내용 설계", 웹 기반학습, 교육과학사

① 자료의 다양화

단순히 텍스트 자료만을 많이 사용한다면, 학생들은 책으로 된 참고서를 택할 것이다. 따라서 설명은 가급적 간략하고 핵심적인 내용 위주로 서술하고, 되도록 개념설명을 애니메이션이나 동영상, 시뮬레이션 등의 멀티미디어 자료로 하도록 한다.

② 멀티미디어 자료에 대한 설명

시뮬레이션이나 동영상의 경우 그것이 무엇을 의미하는지 명확하지 않을 경우 학습자들은 제대로 의미를 파악하지 못한다.

③ 자연현상은 이미지보다 동영상 자료로 제시

④ 공식은 그 수학적 전개 과정을 애니메이션으로 제시

⑤ 생활의 활용이나 읽을거리 등은 이미지로 제시

⑥ 실험 과정을 요하는 부분에서는 적절한 애니메이션을 사용

(2) 하이퍼링크

단원별 학습 내용들의 관련성을 충분히 파악하여 학습자들이 자유롭게 학습 경로를 결정할 수 있게 하이퍼링크를 시켜야 한다.

① 간단한 용어 해설 등은 단순 하이퍼링크

② 학습자 자신의 학습 경로를 확인할 수 있는 화면 구조

어떤 개념을 설명할 때는 그와 관련되는 웹 문서로 연결되어 그곳에서 다시 학습을 시작할 수 있게 하이퍼링크를 해야 하는데, 이때 학습자 자신의 학습 경로를 잃어버리지 않게 화면 설계 구조를 주의해야 한다.

③ 검색 기능 마련

핵심적인 용어에 대한 자료를 제공하기 위하여 별도의 창으로 용어 검색이 가능하도록 한다. 이를 위해서는 별도의 용어에 대한 자료가 마련되어야 하며, 검색을 위한 CGI 프로그램이 마련되어야 한다.

(3) 시뮬레이션 프로그램

수학적으로 표현되는 물리 공식들은 기본적으로 시뮬레이션 프로그램이 가능하다. 따라서 개발자가 프로그래밍 실력만 있다면 어떤 식으로든 표현할 수 있다. 하지만 모든 공식을 시뮬레이션할 필요는 없다. 학습자들의 변인 통제 능력 함양이 요구되거나 직접 실험하기가 곤란한 개념에 대해서만 시뮬레이션 프로그램을 해야 한다. 이를 위해서는 먼저 내용 분석이 요구된다.

① 실험에 의해서 터득하는 물리 개념은 시뮬레이션 프로그램으로 제시

반드시 학습자가 자유롭게 변인을 통제할 수 있는 시뮬레이션 자료를 사용하노록 한다. 사바 애플릿을 사용하민 학습자가 임의로 변수를 바꿀 수 있어 학습자-학습 내용의 상호작용이 가능하다.

② 시뮬레이션 프로그램은 보편적인 방법으로 개발

개발자의 주관적인 취향에 따라 시뮬레이션 프로그램을 개발하려고 해서는 안 된다. 같은 개념이라도 어떻게 접근하느냐에 따라 학습자들의 학습에는 많은 영향을 미친다. 필요하다면 다른 사이트에서 제작된 자료를 하이퍼링크시켜 사용해야 한다. 많은 이들로부터 그 보편성을 인정받아 인터넷에 널리 알려져 있는 가상실험 사이트3)4)5)의 학습 자

---

3) Fu-Kwun Hqang's Virtual Physics Laboratory,
   http://www.phy.ntnu.edu.tw/~hwang/index.html
4) 이동준 선생님의 JAVA 실험실, http://www.science.or.kr/lee/

료를 자료들로 사용한다면, WBI의 다양성을 꾀할 수 있어 여러모로 유용하다.

③ 실험결과의 분석은 학습자가 정리할 수 있게 CGI 프로그램 사용

실험결과를 학생들이 정리하게 하려면 학생들이 입력하는 문장을 폼 필드로 받아들여서 그 문장에서 필수적인 단어를 체크하여 정답 여부를 결정하는 CGI 프로그램의 작성이 필요하다. 이것은 즉각적인 피드백도 가능하다.

(4) 피드백

학습자에게 평가문제에 대한 즉각적인 피드백을 제공하기 위해서 개발자는 모든 경우를 염두에 두고 각 경우에 해당하는 해설을 미리 만들어야 한다. 그리고 이를 학습자에게 효과적으로 제시하는 방법도 고려해야 한다.

① 오답의 원인에 대한 피드백 제공

항상 개념을 학습시킨 뒤에는 문제풀이로 즉각적인 자신의 학습 상태를 판단하게 하는데, 이때 단순한 해답 제시가 아닌 오답의 원인에 대한 피드백을 제공한다.

② 선수 학습 내용의 확인 링크 사용

필요시에는 문제 해결을 위해 필요한 물리 개념을 복습할 수 있는 페이지와 다시 연결되도록 하여 선수 학습 내용을 익히도록 한다.

---

5) 물리의 이해, http://physica.gsnu.ac.kr/

5) 전자교과서를 통한 구성주의 학습 환경의 구현

(1) 웹 문서와 구성주의

WBI의 특성은 웹이 지닌 본래의 특성인 하이퍼미디어, 멀티미디어 등의 정보자원과 전자우편 등의 인터넷 기능으로 구현되는 상호작용이 기반이다.

그리고 학습에 관하여 구성주의에서 강조되는 핵심은 앞서 살펴본 이론에 의하면 학습자 중심의 능동적 학습, 실제적 학습, 상호작용적 협동학습 등으로 정리할 수 있다.

구성주의에서 지식의 습득은 직접적인 경험으로부터 이루어지는 것이므로 매우 상대적이고 다양한 형태로 이루어진다. 따라서 구성주의에서 주장하는 능동적인 학습을 지원하는 환경은 학습자가 스스로 경험을 하여 그로부터 의미를 개발해 낼 수 있어야 한다. 웹 문서에서는 학습자가 다양한 경험을 할 수 있도록 하이퍼미디어 자료를 제시한다.

학습의 주체인 학습자는 구체적인 현실 상황과 유사한 학습 환경 속에서 주어진 문세를 해결해 나감으로써 학습이 이루어진다. 이때 유사한 환경이란 물리적으로 현실과 동일한 환경을 가리키는 것이 아니라 유사한 정도의 복잡성을 가지면서 유사한 인지적 능력이 요구되는 환경을 의미하는 것이다. 웹 문서에서는 시뮬레이션 프로그램을 통하여 실제 상황과 유사한 인지적 능력이 요구되는 환경을 제공할 수 있다.

구성주의에서는 학습자가 고립된 환경에서보다는 협동적이고, 상호작용이 가능한 환경에서 다양한 시각과 관점을 경험함으로써 자신의 관점을 형성하고, 문제 해결을 해나갈 수 있다고 본다. 그러므로 학습자는 매우 적극적이고 주도적으로 학습에 임해야 하며, 개개인의 지적 활동보다는 문제를 해결하기 위하여 학습자 간의 의사소통을 기본으로 하는 협동학습이 이루어져야 한다. 따라서 효율적인 학습은 학습에 참여한 교사와 학습자 간의 원활한 상호작용의 정도에 달려 있다. WBI 에서는 게시판과 토론방을 통한 상호작용을 이끌어 내지만, 학습 내용 을 담은 웹 문서는 학습자가 학습 내용과 상호작용이 되도록 구조화하 고, 피드백을 제공하여 학습 내용과의 의사소통이 이루어지도록 할 수 있다.

여기서 물리교과에 있어 WBI 학습 내용이 구축할 수 있는 구성주의 학습 환경은 학습자 중심의 능동적 환경과 실제적 학습 및 상호작용의 측면에서 하이퍼링크를 통한 다양한 자료의 제시, 시뮬레이션을 통한 학습자-학습 내용 상호작용, 피드백을 통한 반성적 사고를 들 수 있다.

(2) 구성주의 학습 환경 구현

웹 문서들이 구성주의 학습 환경을 어떻게 제공하는지를 보여주기 위하여 WBI 학습 내용 제작 기준안을 적용시킨 '고등학교 광학 온라 인 학습(http://optics.snu.ac.kr/on-line/hischool/)'으로부터 구성주의 학습 환경을 살펴보았다.

① 하이퍼링크를 통한 다양한 자료의 제시

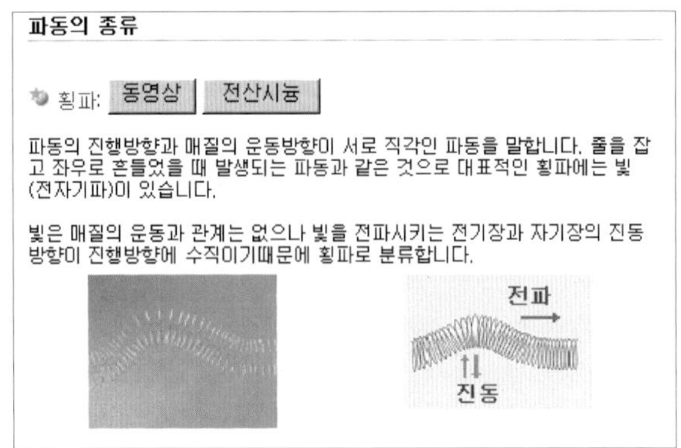

[그림 12] 멀티미디어의 다양성

‘파동의 발생과 종류(http://optics.snu.ac.kr/on-line/hischool/wave/section 1/html/wave11.html)’에 나타난 것과 같이 한 문서 내에 텍스트 외에도 동영상, 시뮬레이션, 이미지 등의 다양한 미디어를 제공함으로써 학생들의 관심도를 높이고 있다.

② 시뮬레이션을 통한 학습자-학습 내용 상호작용

‘파동의 중첩(http://optics.snu.ac.kr/on-line/hischool/wave/section1/html/superOfpls.html)’의 자바 애플릿을 보면 [그림 12]와 같이 파동의 종류와 위상을 학습자가 임의로 바꿀 수 있게 되어 있다. 이는 시뮬레이션을 통하여 학습자-학습 내용의 상호작용을 가능하게 하는 방법이다. 즉각적인 변수의 변화로 즉각적인 실험결과를 얻을 수 있어 실험결과와의 상호작용을 할 수 있는 것이다.

[그림 13] 변수의 제어

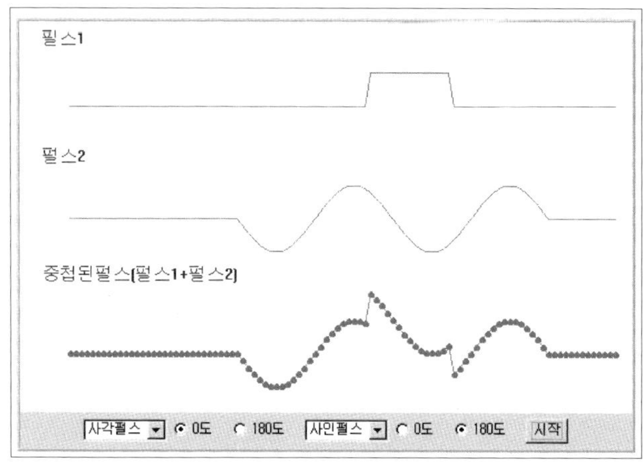

[그림 14] 시뮬레이션의 예

③ 피드백을 통한 반성적 사고

'파동의   기술(http://optics.snu.ac.kr/on-line/hischool/wave/section1/html/wave12.html)'에서는 학습자의 입력 값에 따라 정·오답의 피드백을 제공하고 있다. 이 피드백을 통하여 자신의 생각에 대하여 다시 한번 되돌아 볼 수 있다. 그리고 해설을 클릭함으로써 자신의 추론을 확인할 수 있다.

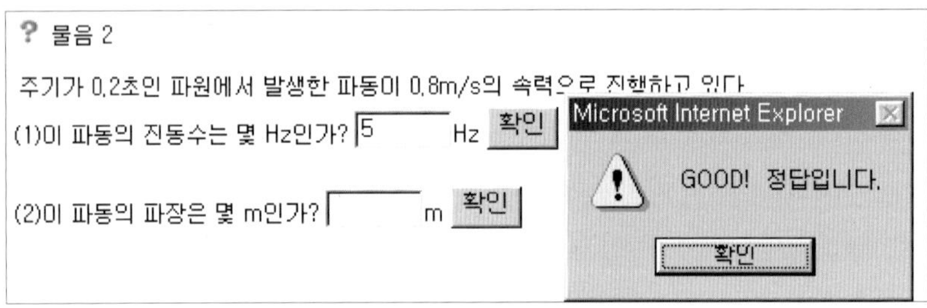

[그림 15] 폼 필드를 이용한 피드백

[그림 16] 반성적 사고의 제시

2. 온라인 학습

1) 개 념

온라인 학습은 온라인으로 진행되는 원격교육의 기본적인 개념들을 수용하고 있다. 원격교육은 교사와 학생이 직접 만나지 않고 커뮤니케이션 수단을 매개로 하여 교육을 실시하는 하나의 교육 형태이다. Keegan(1996)의 정의에 따르면, 원격교육은 어떤 교육 조직이 학습 자료를 기획하고 준비하며 서비스를 제공하는데, 이때 교사와 학생 간을 반영구적으로 분리시키는 쌍방향 커뮤니케이션을 통하여 수업 내용을 컴퓨터와 같은 공학적 매체로 활용하는 것이다.

현재 고등교육 차원에서의 원격교육은 사이버대학까지 발전하였고, 초중등교육 차원에서는 사이버 가정학습이라는 원격교육 제도가 있다. 이 원격교육들은 학교와 가정교육의 연계 기회를 확대하고 교육의 질적 향상을 도모하며, 평생 학습권을 보장하는 방향으로 발전하고 있다. 즉, 학교에서는 자신의 학습 목표를 달성하기 위해 전자교과서로 학습을 하고, 가정에서는 교사와의 상호작용을 지속적으로 유지하기 위해 온라인 학습을 해야 한다.

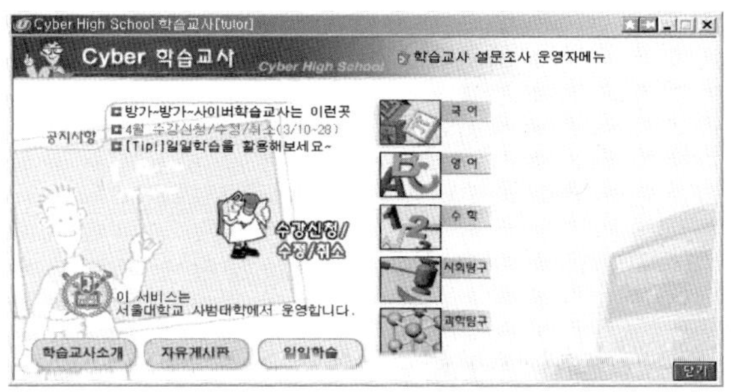

[그림 17] 인터넷스쿨의 온라인 학습 초기화면

2) 특 성

온라인 학습은 한 교사 개인에 의해 구성되고 만들어지지 않고, 교육 조직에 의해 구성 및 운영이 된다.

① 학생과 대화를 통한 쌍방향 커뮤니케이션이 일어난다.
온라인 학습에서는 대화방이 이 역할을 한다.

② 전자교과서와 별도의 학습 자료를 지원해 준다.
온라인 학습에서는 자료실에 강의 내용과 평가 문항으로 구성된 자료가 제공된다.

③ 학습에 대한 피드백을 제공한다.
온라인 학습에서는 학습 클리닉에서 학생들이 메일로 보내온 평가문제에 대한 첨삭과 학습지도를 한다.

3) 구성 및 기능

온라인 학습에서 상호작용 개념은 세 가지 유형으로 나눌 수 있는데, 학습자와 학습 내용 간 상호작용, 학습자와 교사 간 상호작용, 그리고 학습자와 학습자 간 상호작용이다(Moore, 1993). 학생과 학습 내용 간 상호작용은 전자교과서에서 구현이 되며, 학생과 교사 간 상호작용과 학생과 학생 간 상호작용은 온라인 학습에서 구현이 된다. 온라인 학습은 '자유게시판', '자료실', '학습 클리닉(첨삭지도)', '질문방', '대화방'으로 구성된다.

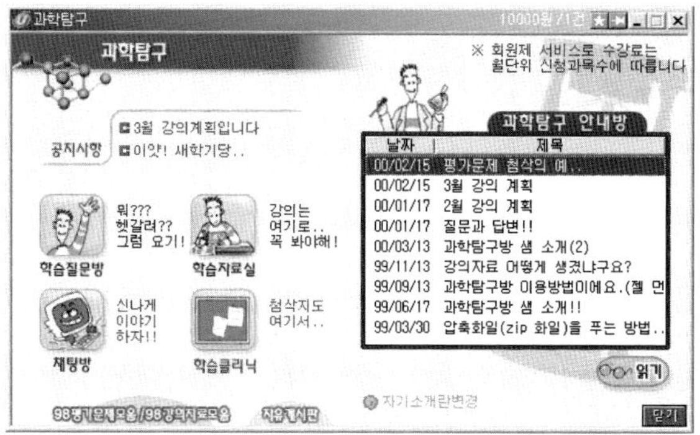

[그림 18] 온라인 학습 화면

(1) 자유게시판

학생과 교사, 학생과 학생 간의 자유스럽고 다양한 상호작용이 진행된다.

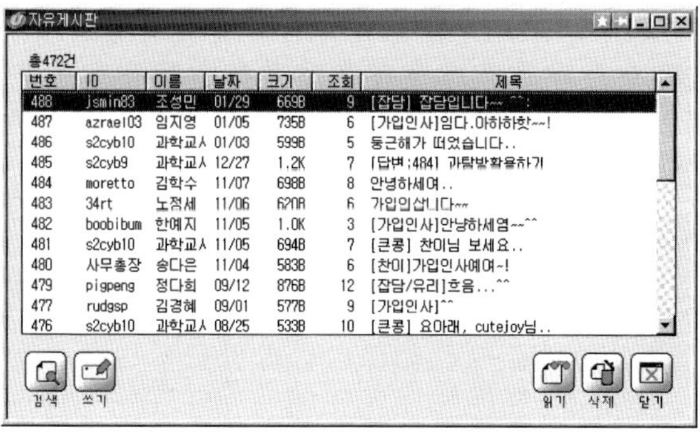

[그림 19] 온라인 학습의 자유게시판

(2) 자료실

전자교과서를 기본 내용으로 하며, 교사가 나름의 방식으로 작성한 학습 자료를 제공하는 곳이다. 각 자료는 학생이 온라인 평가에 의해 정해진 등급에 따라 자료를 선별적으로 받을 수 있다.

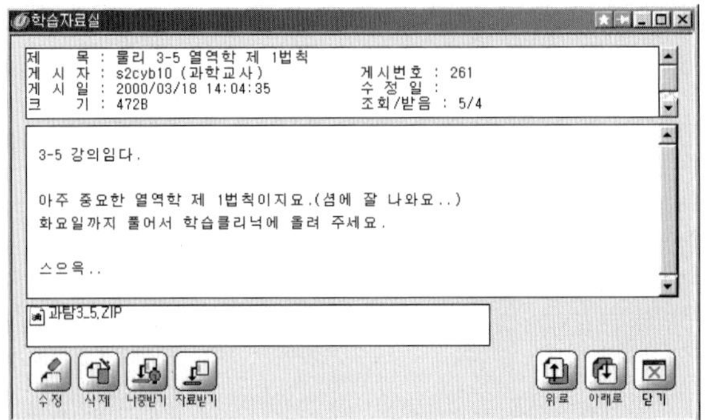

[그림 20] 온라인 학습의 자료실

(3) 학습 클리닉

학습 자료실에 등록된 평가문제에 대한 학생의 답을 첨삭 지도할 수 있다.

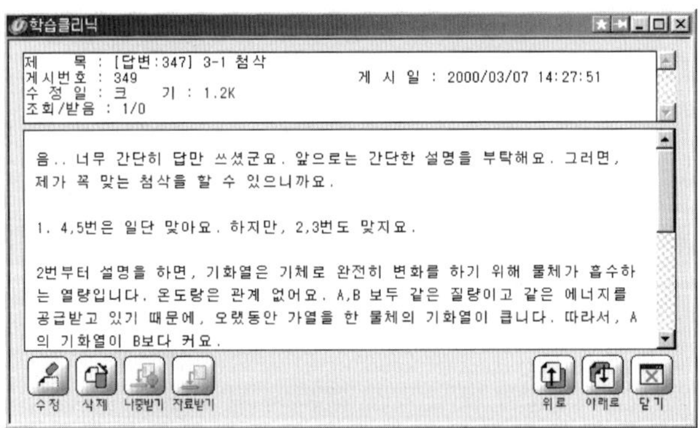

[그림 21] 온라인 학습의 학습 클리닉

(4) 질문방

학생들로부터 학습 자료에 대한 질문을 받아 적절한 답변을 제공한다.

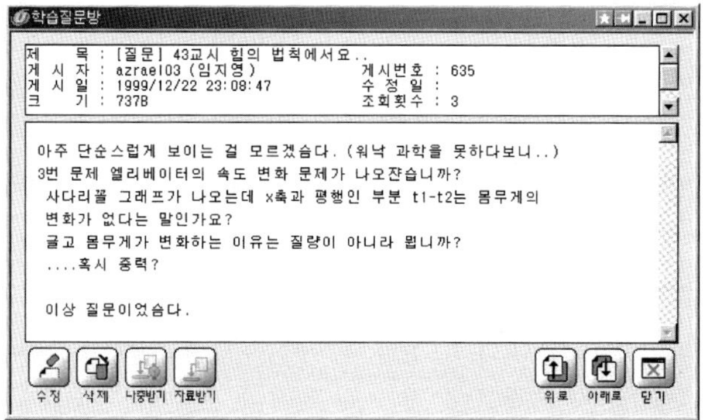

[그림 22] 온라인 학습의 질문방

(5) 대화방

교사와 학생 간에 컴퓨터 통신을 매개로 한 대화와 학습지도가 이루어진다.

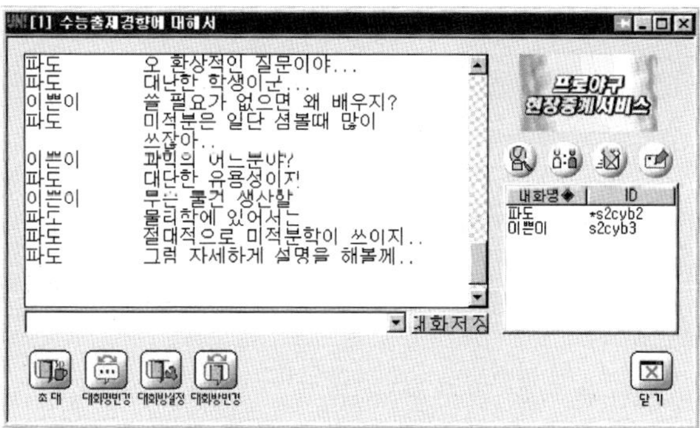

[그림 23] 온라인 학습의 대화방

4) 교수-학습 방법

인터넷스쿨의 과학 온라인 학습을 분석한 결과로부터 대화방, 질문방, 첨삭지도 등에서 온라인 학습의 교수-학습 방법의 방향성을 다음과 같이 제시하였다.

① 동시적인 쌍방향 커뮤니케이션을 할 수 있는 대화방은 주제를 정하여 진행한다.

대화의 주제를 대화방 개설 2~3일 전에 온라인 학습에 참가한 모든 학생들에게 공지하고, 미리 신청을 받아 참가 여부를 결정하여 진행한다. 이때 너무 많은 학생들의 참여는 오히려 대화의 흐름을 방해할 가능성이 크므로, 신청 인원에 따라 개설될 대화방의 개수를 결정하고, 이들 대화방의 일시를 달리하여 개설하도록 한다. 대화의 주제는 전문적인 내용보다는 생활 속의 과학 개념의 적용과 같은 학생들이 쉽게 대화를 이끌고 나갈 수 있는 주제로 정하고, 대화를 통하여 과학 개념을 스스로 깨닫도록 유도한다.

② 비동기적인 상호작용을 할 수 있는 질문방은 검색의 편이성과 즉각적인 응답이 있어야 한다.

학생들의 질문은 중복 가능성이 많아 검색을 하면 대부분 자신의 의문을 해결할 수 있으나, 검색을 거의 하지 않고, 같은 질문을 반복하게 된다. 따라서 온라인 학습에 참가하는 학생들에게 검색의 요령과 이를 적극적으로 활용하도록 해야 한다. 이를 위해서는 제목 검색 등의 단순한 검색조건이 아닌 다양한 검색조건을 제시하여 학생들이 쉽게 자신의 의문점을 해결할 수 있도록 해야 한다. 이때 검색조건은 일반적인 검색조건인 ID, 올린 이, 제목 등이 아니라 과학 교과의 특성을 살리는 검색조건이 되어야 한다. 예를 들면, 물리, 화학, 생물, 지구과학 등 분야별 검색과 키워드를 중심으로 한 검색이 이루어지도록 해야 한다. 또한 질문방에서 중복 질문을 하게 되는 또 하나의 원인은 답변의 지연으로 인한 것이므로, 즉각적인 답변이 이루어지도록 교사는 항상 유념해야 한다. 그러나 과학 교과의 특성상 즉각적인 답변을 하기가 힘든 질문들이 많으므로, 언제까지 답변을 하겠다는 약속을 먼저하고, 다음에 명확한 설명의 답변을 제시하는 것도 하나의 방법일 수 있다.

③ 자주 질문되는 질문들은 FAQ로 정리하여 제시한다.

질문의 양이 어느 정도 쌓이면, 분야별로 공통된 질문들을 모을 수 있다. 이러한 질문들을 FAQ형식으로 제공하여 학생들에게 질문 전에 먼저 자신이 답을 찾아 스스로 해결할 수 있는 기회를 제공해야 한다.

④ 학습의 피드백을 제공하는 첨삭지도는 학생의 자유로운 의사 표현이 가능해야 한다.

첨삭지도인 학습 클리닉의 경우, 학생들의 오개념을 확인하고, 이를 수정할 수 있는 피드백을 주기 위해서는 학생의 답에 대한 근거를 직접 설명하거나, 수식전개를 자유롭게 할 수 있는 기능을 가진 전송용 인터넷 도구가 필요하다. 이러한 도구는 인터넷에서 구동되는 전자칠판 등의 프로그램으로 구현 가능하다.

5) 온라인 학습을 통한 구성주의 학습 환경의 구현

온라인 학습을 통한 구성주의 학습 환경을 구현하기 위해서는 기본적인 전제조건으로 학생들의 적극적이고 자발적인 참여가 우선되어야 한다. 온라인 학습은 학교의 수업과 달리 강제할 방법이 없으므로 전적으로 학생들의 참여 정도에 따라 학업성취가 결정된다.

① 대화방을 통한 능동적인 학습 환경 제공

학생들의 적극적인 참여로 이루어지는 교사와 다른 학생들과의 대화는 학생 스스로 나름의 의미를 찾아 구성하게 하고 개념의 변화를 유도할 수 있으므로, 구성주의 학습 환경을 제공하는 것이다.

② 질문방을 통한 학생-교사 상호작용 증진

구성주의에서 강조되는 핵심으로는 상호작용을 들 수 있는데, 온라인 학습에서는 이를 질문방을 통하여 학습에 대한 학생과 교사의 상호작용을 증진시킬 수 있다.

③ 첨삭지도를 통한 오개념 교정에 대한 피드백 제공

첨삭지도를 통하여 학생들의 오개념을 확인하고 이를 교정할 수 있는 피드백을 제공하는 것은 구성주의 학습 환경에서 상호작용적 협동학습의 또 다른 형태라고 볼 수 있다.

3. 온라인 평가

온라인 평가는 개별학습을 완벽하게 구현하기 위한 것으로 전자교과서, 온라인 학습과 밀접한 관련을 가지고 진행된다.

1) 개 념

온라인 평가는 인터넷상에서 이루어지는 개별학습을 위해 진단평가를 실시하여 학생의 학력수준을 파악하고, 그 정보를 학생에게 제공하여 학생 스스로 학습 목표를 정하도록 하여, 자신에게 필요한 전자교과서와 온라인 학습의 학습 자료를 사용하는 것에서 출발한다. 그리고 각 단원마다 학습 결과에 대한 형성평가를 실시하여 학생의 학력수준 변화에 대한 정보를 제공하고, 그 결과를 토대로 학생의 학습 상황에 적합한 난이도 조정을 통해 수준별 문제를 다시 제공하는 총괄평가를 실시하게 된다.

2) 특 성

인터넷을 이용한 온라인 평가 사이트의 대부분은 기존의 참고서로 제작된 모의고사 형태의 선택형 문제를 웹 문서로 변환하여 사용하고 있다. 그러나 학생 개별학습을 효과적으로 이끌기 위해서는 교사가 웹 상에서 문제를 바로 저작할 수 있어야 하며, 이를 문제은행 데이터베이스로 구축 가능하고, 학생들은 문제은행에서 추출된 문제를 학습할 수 있는 시스템으로 구축해야 한다(김대인, 1998).

인터넷 학습체제에서 온라인 평가는 다음과 같은 특성을 가진다.

① 진단평가에 의해 학생들의 학력수준이 파악되고, 그에 관한 정보가 학생에게 제공된다.

학생들은 자신의 학력수준에 관한 진단 결과를 받아들이고, 자기 스스로 꼭 달성해야 할 학습 목표를 결정하며, 이 목표에 맞는 학습 자료를 온라인 학습에서 찾아 학습한다.

② 문제 출제를 교사들이 인터넷상에서 함으로써 문제은행 데이터베이스 구축이 가능하다.

인터넷상에서 문제 출판이 가능한 저작 시스템을 도입함으로써 교사들이 기술적 어려움 없이 다양한 문제를 출제할 수 있게 하고, 이 문제들은 그 난이도에 따라 자동 분류되어 문제은행 데이터베이스에 저장이 된다.

③ 선택형과 서술형 등 다양한 형태의 문제가 출제된다.

문제 저작 시스템에 다양한 프로그래밍 기술을 도입하여 선택형, 퀴즈형, 퍼즐형 등을 비롯한 다양한 문제 유형이 출제 가능하다.

④ 형성평가와 총괄평가에 의해 학력수준 향상을 확인할 수 있다.

형성평가를 통해 학습 목표가 달성되었는지 판단되고, 총괄평가를 통해 자신의 학력수준 향상을 확인할 수 있다.

⑤ 학생들에게 제공되는 학력수준과 학습 목표에 대한 정보는 평가 시스템에 의해 자동화된다.

많은 수의 학생들은 학력수준과 학습 목표에 대한 정보를 자동화된 평가 시스템에서 제공받는다. 이를 위해서는 문제를 제작할 때 배점과 난이도를 부여해야 하며, 진단평가는 비슷한 배점과 난이도를 가진 문제들이 무작위로 출제가 되며, 학생이 얼마의 점수를 받느냐로 학력수준의 정보가 제공된다. 그러면 그 점수에 해당하는 학생이 필수적으로 학습해야 할 학습 목표에 대한 정보가 제공된다. 형성평가와 총괄평가는 진단평가와 비슷한 배점과 난이도로 출제되며, 자신의 점수로 학력수준이 향상되는지를 확인할 수 있다.

⑥ 학생들이 풀어본 문제에 대한 모든 정보가 기록되어 반복 학습이 가능하다.

학생이 한 번이라도 풀어본 문제는 모든 과정이 기록되어 틀린 문제에 대한 반복 학습을 가능하게 한다.

3) 유 형

(1) 진단평가

온라인 평가에서의 진단평가는 학생의 학력수준을 파악하여, 이를 기준으로 인터넷 학습체제의 전자교과서와 온라인 학습에서 학습해야 하는 학습 목표를 제공받는다.

(2) 형성평가

학생이 전자교과서와 온라인 학습으로 학습을 한 후 자신의 학습 정도를 확인하는 평가로 학력수준 향상을 위한 기초 자료로 사용된다.

(3) 총괄평가

여러 차례에 걸친 형성평가에 의해 자신의 학력수준을 수시로 확인한 후, 학력수순이 죄송적으로 향상되었는지를 확인할 목적으로 치러지는 평가이다.

(4) 문제의 유형

웹 문서를 작성하는 HTML과 DHTML로 구현하는 여러 가지 기법을 이용하여 다음과 같은 문제의 유형들을 제시할 수 있다6).

---

6) University of Victoria Language Centre(http://web.uvic.ca/hrd/hotpot/), The freeware Hot Potatoes suite includes six applications, enabling you to crcatc interactive multiple-choice, short-answer, jumbled-sentence, crossword, matching / ordering and gap-fill exercises for the World Wide Web.

① 다중 선택형(multiple-choice)

다중 선택형 문제는 가장 일반적인 형태로 정답을 선택하거나 틀릴 경우 모두 피드백을 제공한다. 피드백에는 정답의 여부와 최종적으로 답을 맞힌 정답률을 표시해 준다.

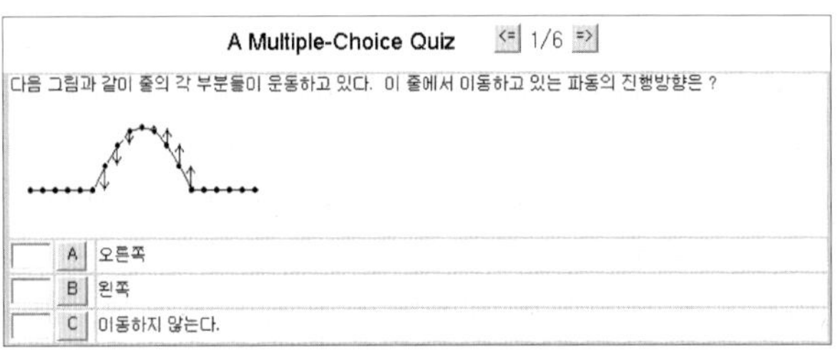

[그림 24] 다중선택형 문제 유형

② 단답형(short-answer)

단답형 문제는 짧은 문장을 체크하여 정답 여부를 확인한다.

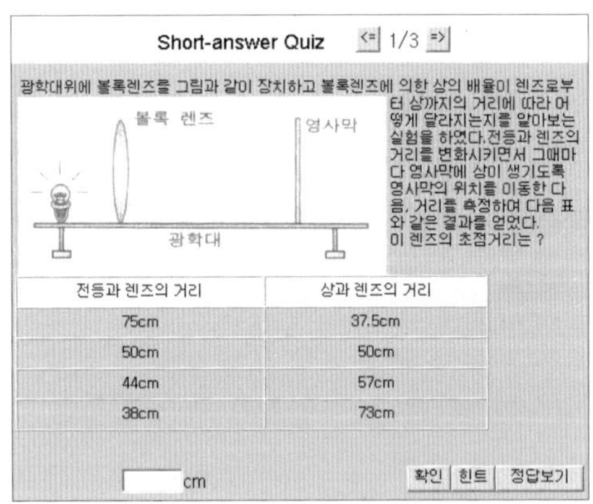

[그림 25] 단답형 문제 유형

③ 문장 정리하기(jumbled-sentence)

이 유형은 주로 수식 전개를 위한 문제에 쓰일 수 있다. 수식을 완

성하기 위해 순서대로 각 항들을 마우스로 이동하여 답란에 가져다 놓
은 뒤 정답을 확인한다.

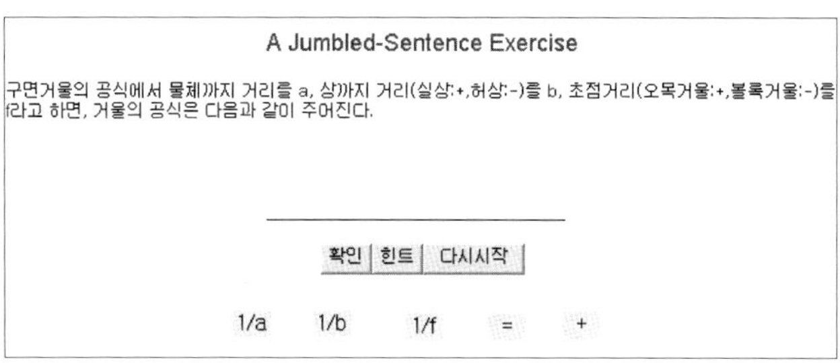

[그림 26] 문장 정리하기 문제 유형

④ 가로세로 열쇠(crossword)

가로세로 열쇠 문제는 각 단어에 대한 설명을 읽고 빈칸에 단어를
입력하여 정답 여부를 확인한다.

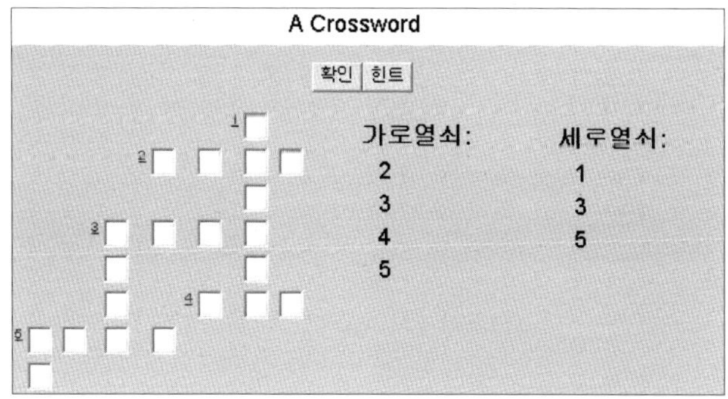

[그림 27] 가로세로 열쇠 문제 유형

⑤ 연결하기(matching / ordering)

오른쪽의 항목을 마우스로 이동하여 왼쪽의 관련성 있는 항목의 옆
에 가져다 놓은 다음 정답을 확인한다.

[그림 28] 연결하기 문제 유형

⑥ 빈칸 넣기(gap-fill)

빈칸 넣기 문제는 보기에서 알맞은 단어를 찾아 빈칸에 직접 입력하는 것으로 빈칸 옆의 [?] 단추를 누르면 정답 여부가 제시된다. 그리고 모든 답을 한꺼번에 확인하려면 문제 아래의 확인 단추를 누르면 된다.

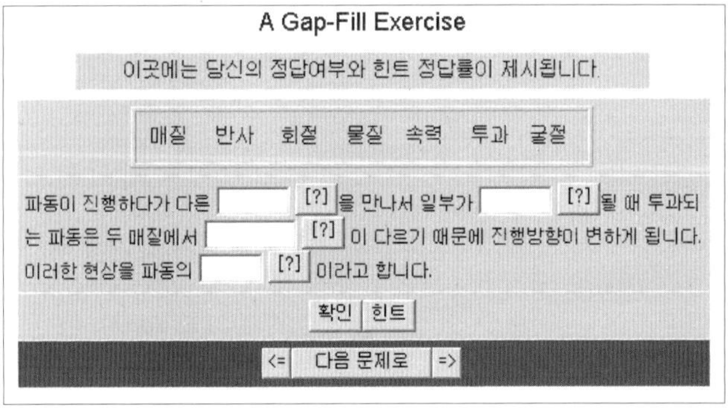

[그림 29] 빈칸 넣기 문제 유형

4) 구 성

온라인 평가는 크게 진단평가, 형성평가, 총괄평가로 구분 짓고, 다음과 같은 방식으로 구성된다.

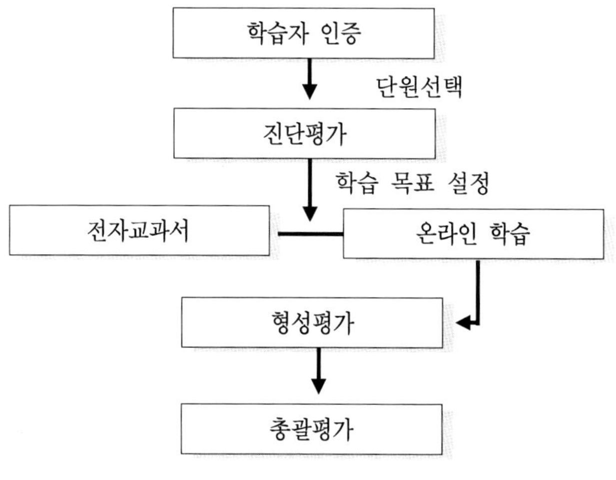

[그림 30] 온라인 평가의 구성

  평가결과가 개인별로 축적되므로 각 학생에 대한 학습자 인증이 필요하다. 각 단원별 평가가 따로 이루어지므로 평가를 받기 원하는 단원을 선택한다. 그러면 인터넷상에서 실시간으로 진단평가를 실시하고, 즉각적으로 자신의 학력수준을 점수로 확인할 수 있다. 자신이 학습목표를 결정하고, 이에 맞는 전자교과서와 온라인 학습의 필요한 학습내용을 선택한다. 온라인 학습이 진행되는 도중에 소단원이 끝날 때마다 인터넷상에서 형성평가를 실시한다. 이 평가의 결과는 계속 축적되어 총괄평가문제 출제의 기초 자료가 된다. 물론 평가의 결과는 학생에게 피드백으로 제공된다. 단원이 끝나고 온라인 학습이 마무리되면, 종합적인 평가를 실시한다. 이때 출제되는 문제는 형성평가에서 나타난 학생의 학력수준에 맞춰 문제은행에서 자동으로 출제된다.

4. 온라인 상담

1) 개 념

현재의 교육은 성적 위주의 입시 교육으로 진행되고 있기에 개인주의와 이기주의 같은 비교육적 요소로 인하여 학생의 인성을 많이 해칠 수 있다. 따라서 학습을 하면서도 인성을 함양시킬 수 있는 환경이 조성되어야 하며, 이를 위한 가장 기본적인 것이 상담이다. 상담이 발전하면 인성교육을 위한 여러 심리검사들이 가능하다.

온라인 상담은 인성교육에 초점을 맞추어서 상담전문 교사와 학생 간의 상호작용을 인터넷을 이용하여 체계적이고 조직적으로 구현한다. 또한 기존의 상담에 비하여 훨씬 적은 비용과 노력으로 인성교육이 가능하여 교육 현실과 교육적 이상의 괴리를 좁힐 수 있을 것이다(김태영, 1999).

2) 특 성

온라인 상담은 상담을 전공한 전문가들의 집단에 의해서 이루어진다. 또한 상담에서는 다양한 심리검사를 개발하여 이를 서비스하기도 한다.

인터넷 학습체제에서 온라인 상담은 다음과 같은 특성을 지닌다.

- 채팅상담을 통해 동시적이고 쌍방향적인 상담을 한다.
- 정해진 주제를 가지고 집단상담을 진행한다.
- 주제별로 상담사례를 제공한다.
- 공부 방법에 대한 상담을 제공한다.
- 온라인 심리검사를 제공한다.

[그림 31] 인터넷스쿨의 온라인 상담 첫 화면

3) 유 형

(1) 채팅상담

채팅상담은 일반 면접상담과 마찬가지로 개인상담과 집단상담 모두
를 실시할 수 있다. 일방적인 편지상담과 달리, 채팅상담은 일반 면접
상담과 마찬가지로 동시적이고 쌍방향적인 상담을 할 수 있다.

(2) 상담사례

상담사례는 기존의 사례 혹은 창작된 사례들을 모아놓은 공간이다.
이 공간이 필요한 이유는 꼭 상담을 받지 않더라도 자기와 비슷한 문
제를 지닌 다른 사람들의 상담 내용을 읽고서 도움을 받을 수 있기 때
문이다.

(3) 편지상담

비밀편지 형식으로 문제를 게시하면 전문상담교사들이 문제영역에 따라 답변을 게시한다.

(4) 게시판상담

학생들의 고충이나 건의사항이 있을 경우 글을 올리면, 게시판 전담 상담교사가 이에 대해 답변 및 조언을 게시한다.

4) 구성 및 기능

(1) 채팅상담

① 바로상담

일반적인 채팅상담을 일컫는다. 일반적인 상담의 과정상 학생이 미리 와서 자신의 인적사항이나 호소문제 등을 미리 이야기하는 접수 면접의 과정이 필수적이다. 그러나 채팅상담의 가장 큰 장점인 동시성을 살리기 위하여 학생이 대화방에 들어오는 즉시 상담을 시작하는 것이 학생들의 요구에도 맞고, 예약을 해야 하는 번거로움도 없앨 수 있다.

온라인 상담실의 운영 전체시간 동안 대화방을 개설해 놓고 즉시 상담을 원하는 학생이 선택하여 채팅상담을 한다.

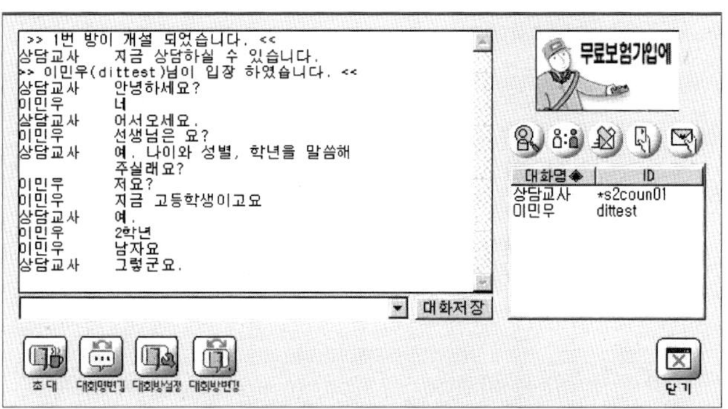

[그림 32] 인터넷스쿨의 채팅상담의 예

② 개인상담

개인상담의 경우 일반 대화방에서는 비밀보장이 되지 않는 점을 고려하여, 일대일 대화 창에서 실시하거나 혹은 메일로 미리 비밀번호를 지정하고 비밀대화방에서 상담한다.

③ 집단상담

사전에 집단상담의 주제를 공고하여 학생들이 원하는 집단상담을 선택할 수 있도록 한다. 미리 공지하지 않은 경우 학생들의 참여도가 낮은 관계로, 학생들에게 개별적으로 메일을 보내어 집단상담의 참여 여부를 확인한다.

(2) 상담사례

학생들에게 도움이 될 수 있는 상담사례를 선정하여 주기적으로 글을 올린다.

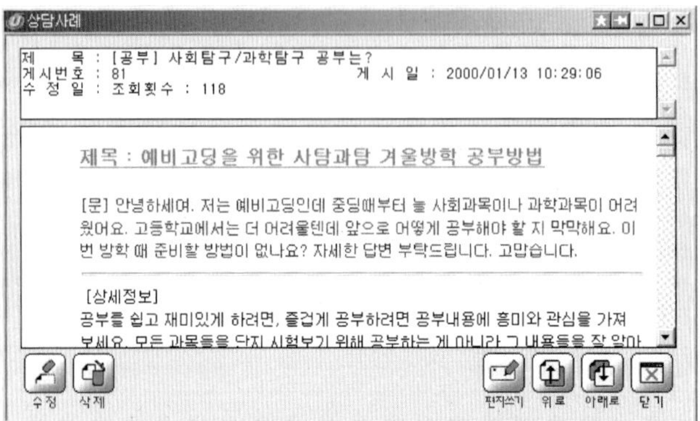

[그림 33] 인터넷스쿨의 상담사례

(3) 공부 방법 질문

공부 방법이나 혹은 학업 전반의 생활과 관련하여 학생이 특별히 심각성을 느끼고 있는 글에 대해서는 채팅상담이나 편지상담으로 의뢰하여 보다 구체적인 도움을 개별적으로 제공한다.

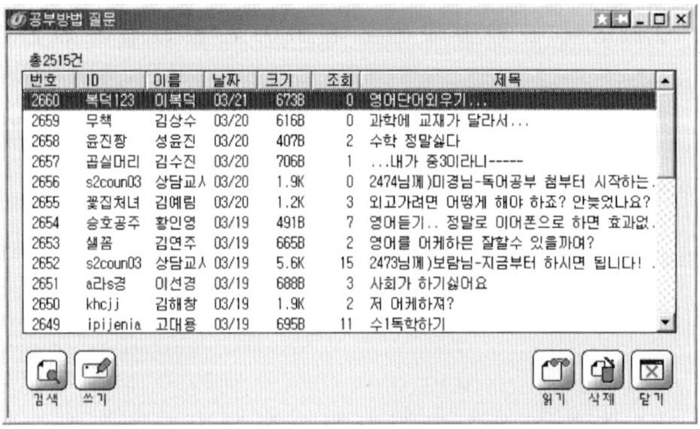

[그림 34] 인터넷스쿨의 공부 방법 질문 답변

(4) 편지상담

학생이 ID를 게시하지 않고 비밀편지 형식으로 문제를 게시하면 전
문상담교사들이 문제영역에 따라 답변을 게시한다. 또한 상담교사뿐만
아니라 일반 학생들도 자신과 유사한 고민을 하는 동료 학생들에게 나
름대로의 충고나 조언, 해결 방법 등을 제공해 주는 '또래상담'의 장을
제공하는 역할도 한다.

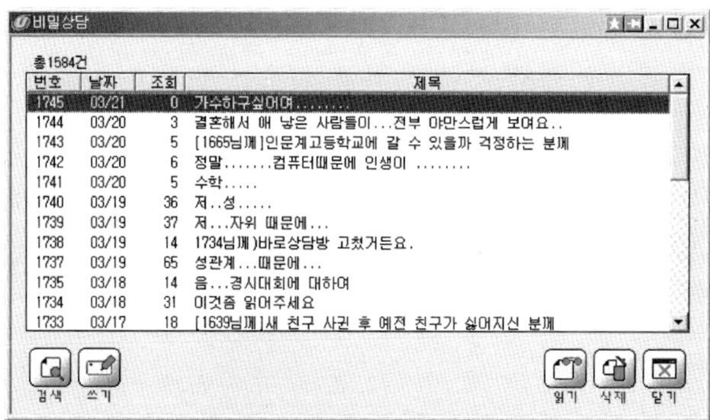

[그림 35] 인터넷스쿨의 편지상담

(5) 심리검사

기존에 지필 형태로 되어 있던 심리검사들을 온라인상에서 실시한다.
심리검사는 학생들의 심리적이고 정서적인 부분을 측정하고 평가하여
자신들의 개인적인 이해를 돕기 위해 설치된 공간이다.

5) 분 석

인터넷스쿨의 1999년 3월부터 12월까지의 상담 결과를 토대로 분석

하였다. 온라인 상담 결과를 살펴보면, 채팅상담이 970건, 공부 방법 질문 및 답변이 720건, 편지상담이 412건, 게시판상담이 142건이었다. 여기서 채팅상담 중 공부 방법에 관한 것이 30.8%로 이성친구(14.1%), 진로문제(13.5%), 대인관계(12.7%), 정보제공(9.8%), 성 문제(5.7%), 성격 및 외모(3.2%), 가족문제(2.9%) 등에 비해 높은 비율을 나타냈는데, 이는 학습 내용이나 방법에 관한 도움을 받고자 하는 욕구가 가장 큰 것으로 분석할 수 있다. 또한 즉각적으로 상담을 받을 수 있는 바로상담(96.6%)을 대부분의 학생들이 원하였다. 전체 상담 건수 2,244건 중에서 공부 방법에 관한 것이 1,411건으로 62.9%를 차지하는 사실로 보아 학생들은 공부에 대한 상담을 가장 원하고 있음을 알 수 있다.

한편, 인터넷스쿨의 온라인 상담에서 실시한 DIT(도덕 판단력 검사)와 EQ(정서지능 검사) 심리검사는 총 3,899명이 받아 자신에 대한 정보 수집을 많은 학생들이 원하고 있음을 알 수 있다.

6) 온라인 상담을 활용한 교수 - 학습 방법

인터넷스쿨의 온라인 상담을 분석한 결과, 과학 교과에서의 온라인 상담은 공부 방법 질문과 상담사례, 온라인 검사의 세 가지 기능을 중심으로 교수 - 학습 방법을 제시할 수 있었다.

① 온라인 상담을 원하는 학생은 먼저 온라인 과학 학습 능력 검사를 통하여 자신의 상태와 오개념을 파악하도록 한다.

여기서 사용되는 온라인 과학 학습 능력 검사는 과학의 여러 교육목표 중 어디가 취약한지를 확인할 수 있는 것으로 검사지 개발이 우선되어야 할 것이다. 온라인 검사의 결과로 학생들이 자신의 부족한 학습 능력과 오개념을 확인하고, 이를 향상시키기 위한 학습법을 상담사례와 공부 방법 질문 등을 통하여 얻을 수 있다.

② 과학 학습법을 안내하는 공부 방법 질문방에서는 학생이 질문하는 막연한 공부비법을 구체화된 질문이 되도록 유도한다.

온라인 상담에서 학생들의 과학에 관한 상담은 대부분 막연한 과학 공부에 대한 두려움, 거부감들을 호소하는 경우였다. 따라서 과학에 대한 흥미를 잃지 않도록 하기 위해서는 상담 학생의 과학에 대한 태도를 개선할 수 있게 상담을 구체화하고, 이에 적절한 답변과 방향 제시를 해야 한다.

③ 상담사례는 각 분야별 학습법과 과학교육 목표를 성취할 수 있는 방안을 제시해야 한다.

상담사례는 학생들이 교사와 온라인 상담을 하기 전에 가장 먼저 확인하는 곳으로 자신과 유사한 문제들에 대한 답변을 스스로 찾아볼 수 있게 한다. 상담사례는 온라인 검사의 결과 부족한 과학교육 목표를 달성하는 방법에 대한 내용을 담고 있어야 하는데, 이때 과학교육 목표는 보편적으로 쓰이고 있는 Klopfer의 과학교육 목표분류 체계7) 등을 이용하도록 한다. 또한 물리, 화학, 생물, 지구과학의 각 분야별 학습법을 상담사례로 제시하여 학생들에게 효과적인 학습법을 안내해야 한다.

7) 온라인 상담을 통한 구성주의 학습 환경의 구현

구성주의 관점에서는 학생들의 사전개념이 능동적인 학습 경험을 통하여 개념변화를 하게 되는데, 이를 위해서는 학생의 사전개념이 무엇인지에 대한 판단이 우선되어야 한다. 또한 학생들이 오개념을 과학적

---

7) Klopfer의 과학교육목표 분류체계는 A.지식과 이해, B.과학탐구 과정Ⅰ-관찰과 측정, C.과학탐구 과정Ⅱ-문제인식과 해결방법의 모색, D.과학탐구 과정Ⅲ-자료의 해석과 일반화, E.과학탐구 과정Ⅳ-이론적 모델의 형성, 검증 및 수정, F. 과학지식과 방법의 적용, G.조작기능, H.태도와 흥미, I.지향의 대분류와 세부적인 분류들로 이루어져 있다[49]. 이 분류에 따라 각 영역에 대한 온라인 검사 평가문항을 개발하도록 한다.

개념으로 바꾸기 위한 공부 방법 등이 제시되어 학생들의 학습 능률을 높여야 한다. 온라인 상담은 이러한 역할을 충분히 할 수 있다.

① 학생의 사전개념(오개념)을 판단하는 온라인 검사 실시
학생들의 사전개념과 부족한 학습 능력을 판단하는 온라인 과학 학습 능력 검사는 학생에게는 자신의 과학 학습 능력을 스스로 명확하게 하고, 교사에게는 학생에 대한 정보를 얻을 수 있어 온라인 상담의 기초 자료로 사용할 수 있다.

② 공부 방법 질문을 통한 학생의 학습 경험에 대한 방향성 제시
학생들이 능동적으로 구성하는 학습 경험에 대한 올바른 방향성을 제시하여 자신의 오개념을 변화시키고, 과학에 대한 이해를 촉진시킬 수 있는 학습 경험이 되도록 한다.

③ 상담사례를 통하여 오개념을 변화시키는 방법을 안내
학생들의 오개념을 변화시킬 수 있는 다양한 학습 경험을 상담사례로 제공하여 학생들 스스로 능동적인 학습을 할 수 있도록 한다.

5. 인터넷 학습체제 교수-학습 모형

인터넷 학습체제의 교수-학습 모형은 '전자교과서', '온라인 학습', '온라인 상담', '온라인 평가'가 통합되어 하나의 학습체제를 형성하는 것이다.

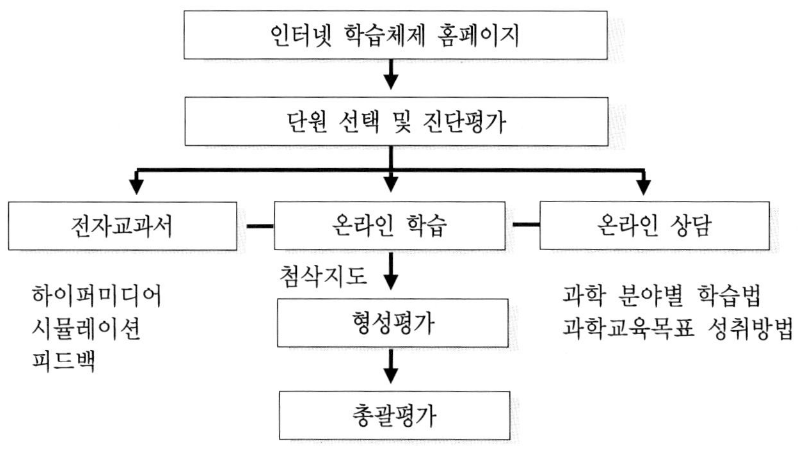

[그림 36] 인터넷 학습체제의 운영 모형

1) 학생의 개별학습

① 인터넷 학습체제에 회원으로 가입하여 자신의 학습 정보를 축적한다.
처음에는 등록을 하며, 두 번째 사용부터는 사용자 인증을 통하여
자신의 학습 과정이 데이터베이스에 자동으로 저장이 되도록 한다.

② 자신이 원하는 단원을 선택하여 학습하고자 하는 영역을 지정한다.
학생이 학습하고자 하는 단원을 선택하면, 선택한 단원을 학습하는
데 걸리는 기간과 일정 등이 자동으로 학생에게 메일로 전달된다.

③ 단원 첫 화면에서 진단평가를 선택하여 실시간으로 시험을 보고, 자
신의 학력수준에 대한 정보를 받는다.

④ 학생 자신이 학습 목표를 결정하여, 전자교과서의 내용을 학습한다.
진자교과서는 학력수준에 따라 별개로 만들어지지 않고, 하나로 만
들어지며 본문 내용에 심화학습 등의 난이도를 표시함으로써, 학습자의

필요에 따라 심화된 내용을 학습할 수 있는 기회를 제공한다.

⑤ 온라인 학습에서는 교사로부터 단원별, 수준별 학습 자료와 평가문제를 제공받으며, 질문답변과 첨삭지도를 받는다.

⑥ 온라인 학습에서 필요에 따라 형성평가를 실시한다.

⑦ 온라인 상담을 이용하여 물리 분야별 학습법이나, 물리 교육목표를 성취하기 위한 방법 등을 상담한다.

⑧ 온라인 평가에서는 최종적으로 총괄평가를 실시하여, 자신의 학력수준의 향상 여부를 확인한다.

평가의 결과를 실시간으로 볼 수 있어 자신의 학력수준이 향상되었음을 확인할 수 있으나, 진단평가 때보다 점수가 낮을 경우에는 온라인 학습에서 다시 복습하라는 통보를 받는다.

2) 과학 교사의 교수방법

- 인터넷 학습체제에 학생들을 가입시킨다.
- 학생들 개개인이 단원별로 진단평가를 받도록 한다.
- 전자교과서를 학습하게 한다.
- 온라인 학습에서 학습 자료와 평가 자료를 제공하며, 어느 정도 학습이 진행되고 나면 형성평가를 실시한다.
- 한 단원에 대한 학습이 마무리되면, 총괄평가를 실시하여 학생들이 자신이 정한 학습 목표를 제대로 달성하여 학력수준이 향상되었는지를 확인시킨다.

Ⅲ. 문제 해결력 향상을 위한 교수-학습 방법

1. 온라인 과학탐구

1) 설계 원칙

과학적 탐구 활동과 인터넷 학습체제에 대한 이론적 고찰을 통하여 '온라인 과학탐구 학습체제[8]'의 개발을 위한 다음과 같은 세 가지 목표를 설정하였다.

첫째, 학생들의 과학적 탐구 능력을 신장시킬 수 있는 학습체제를 개발한다.
둘째, 학생들의 상호작용을 증진시킬 수 있는 학습체제를 개발한다.
셋째, 온라인이 학생들의 활동이 활발하게 이루어질 수 있도록 지원할 수 있는 체제를 개발한다.

---

8) 한국교육개발원의 '사이버영재교육지원시스템(http://gess.kedi.re.kr/)'에서 구현하였다.

'온라인 과학탐구 학습체제' 개발을 위한 설계 원칙은 미국 버클리 대학에서 개발한 '지식 통합 환경(Knowledge Integration Environment; KIE)'과 '웹 기반 과학탐구 환경(Web based Inquiry Science Environment; WISE)'에서 찾아볼 수 있다.

KIE와 WISE는 4가지 원칙을 제시하였는데(Linn, 2000), 첫 번째는 '과학을 접근하기 쉽게 만들기(Making science accessible)'로 학생들이 과학적인 사실들을 조직화할 수 있도록 학생들이 알고 있는 것이 무엇인지 구성하는 것이다. 이를 위하여 인터넷 증거를 학생들의 생각에 맞추고 학생들이 흥미로워하는 과정을 선택한다. 두 번째는 '사고가 보이도록 만들기(Making thinking visible)'로 다양한 첨단기술이 이것을 가능하게 만들어 주는데, 센스메이커(Sense Maker)를 통하여 학생들이 자신의 주장들을 조직화할 수 있게 하는 것이 그 예이다. 세 번째는 '학생들이 다른 사람으로부터 배우는 것을 돕기(Helping students learn from each other)'로 교실 내에서의 토론과 온라인 토론을 지원한다. 비동기화된 온라인 토론은 모든 학생들이 참여하여 과학 학습을 증진시킬 수 있게 하고, 학생들은 다른 사람들의 의견을 바탕으로 자신의 생각을 반성하고 재구성할 수 있게 된다(Hoadley & Linn, 2000). 네 번째는 '평생 과학 학습을 촉진하기(Promoting lifelong science learning)'로 학생들이 과학 수업이나 일상생활에서의 다양한 문제에 적용할 수 있는 풍요로운 탐구 과정을 수립하는 것으로, 학생들이 지속적으로 탐구 활동에 참여할 수 있도록 지원한다.

이를 바탕으로 '온라인 과학탐구 학습체제'가 갖추어야 할 설계의 원칙을 다음과 같이 결정하였다.

① 학습자의 학습 동기를 강화하고 접근이 용이하도록 설계되어야 한다.

온라인 학습에서 학습자가 최종적으로 접하는 화면의 설계에 그 체제의 특징이 잘 드러나지 않으면 학습자의 학습 동기는 현저하게 떨어지게 된다. 온라인 교육에서 시각적인 설계가 반드시 필요하다는 Clark

등(1997)의 주장과 같이 학습자 중심으로 설계가 이루어져야 한다. 또한 학습자가 쉽게 경험할 수 있는 상황을 통한 학습이 이루어질 수 있도록 학습자 중심의 내용 설계가 이루어져야 하는데 이는 WISE의 첫 번째 원칙과 같이 학생들이 과학을 쉽게 접근할 수 있게 할 수 있어야 한다.

② 학생들은 자신의 탐구 과정을 되돌아보고 반추할 수 있는 기회를 가질 수 있어야 한다.

일반적으로 탐구 과정이 시간에 따라서 순차적으로 진행이 이루어지지만, 계속되는 학습 과정에 피드백을 받아 자신의 탐구 과정을 수정하여 보다 완결된 형태의 탐구 학습이 이루어질 수 있어야 한다.

③ 학습자 간의 상호 작용을 지원해 줄 수 있어야 한다.

학습자 간의 상호 작용은 실제 과학자들이 수행하는 과학 활동에서 나타나는 것과 유사한 것으로 학생들의 상호작용 측면은 최근 과학교육에서 높은 관심을 받고 있는 '탐구에서의 과학적 의사소통'에 깊게 관련되어 있다. 과학적 의사소통이 온라인에서 가장 잘 구현되는 것이 온라인 토론으로 시공산을 초월하여 이루어지고, 텍스트를 기반으로 수행되기 때문에 반성적 사고가 가능하고, 학생들 간의 다대다 상호작용이 가능한 장점을 가지고 있다(Harasim, 1989; Hoadley & Linn, 2000). 또한 웹을 통한 학습 프로그램에서의 상호 작용은 학습자와 교사, 학습자와 학습자 간의 상호작용뿐만 아니라 학습자와 학습 매체와의 상호작용도 강조되어야 한다. 이는 WISE의 세 번째 원칙과 같이 다양한 상호작용이 강조됨을 의미한다.

④ 학생들이 탐구 과정을 따라 가면서 과학이 이루어지는 직·간접적인 경험을 통하여 정보의 생산자 역할을 할 수 있도록 해야 한다.

온라인으로 수행되는 많은 교육 프로그램들에서는 학습자들은 정보를 제공받는 수동적인 상태에 있는 경우가 많다. 이것이 학습자들이 능동적으로 학습에 참여하지 못하게 하는 가장 큰 요인이 된다. '온라인 과학탐구 학습체제'에서는 학생들이 능동적으로 활동에 참여하여 스스로 정보를 생성할 수 있도록 해야 한다.

2) 학습 모형

학생들이 자신의 관심, 필요에 의해서 다양한 학습 자료를 요구에 맞게 수집, 분석, 탐구, 표현하는 프로젝트 학습 모형에 따라서 인터넷 학습체제와 웹 기반 학습 프로그램의 학습 방안을 모색하여 [그림 37] 과 같이 학습 모형을 개발하였다.

교사는 제공된 학습 과제 중에서 실행할 학습 과제를 선택하여 이를 수정 또는 재구성하여 학생들에게 제시하고, 학생들은 이 학습 과제에 대한 정보를 탐색하고 관련된 지식과 기술을 익히고 탐구 과정을 통해서 최종 보고서를 제출하게 된다. 이 과정 동안 온라인을 통하여 학생들 간, 교사-학생 간 그리고 학생-학습 자료 사이의 온라인 상호 작용이 이루어지고 교사는 전체의 학습 과정을 관리하게 된다. 따라서 온라인으로 이루어지는 학습 환경은 사용자(교사, 학생, 운영자)에 따라서 필요한 요소를 시스템이 제공해 줄 수 있어야 하며, 학생들이 자율적으로 학습할 수 있도록 설계가 이루어져야 한다. 이를 위하여 '온라인 과학탐구 학습체제'에서는 [표 3]과 같이 웹 시스템, 관리 시스템, 교사 시스템, 학생 시스템별로 구성을 달리하여 개발하였다.

[표 3] '온라인 과학탐구 학습체제'의 구성

시스템	구 성
웹 시스템	회원 식별, 공지 사항, 홈페이지 소개
관리 시스템	회원 관리, 자료실, 사용 현황 관리, 학생 활동 현황 관리, 개인별 평가 관리, 교사 활동 현황 관리, 프로젝트 관리
교사 시스템	프로젝트, 진행 프로젝트, 프로젝트(코스웨어) 관리, 프로젝트 수정, 커뮤니티(교사 / 학생), 학생관리, 교육통계
학생 시스템	프로젝트, 게시판, 공지사항, 커뮤니티(학생, 조)

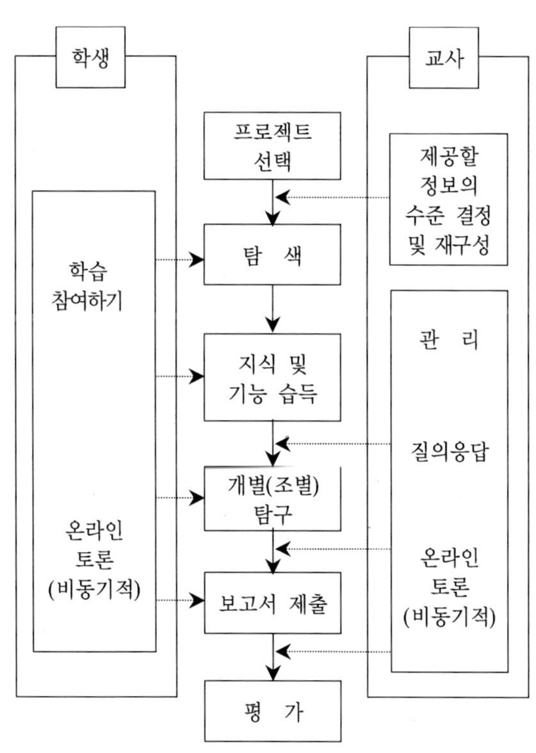

[그림 37] '온라인 과학탐구 학습체제'의 학습 모형

웹 시스템은 전체 시스템의 초기 화면에 해당하는 부분이고, 관리 시스템은 회원 관리, 자료실 관리, 사용 현황 관리, 학생 활동 현황 관리, 평가 관리, 교사 활동 현황 관리 등 전체 시스템에서 이루어지는

활동의 현황을 파악하고 관리하는 부분이다. 교사용 시스템은 실제 학생들의 학습 과정을 직접 관리하는 부분으로 학습 과제(프로젝트)를 생성해서 진행 프로젝트로 수정, 등록하여 학생들을 진행 사항을 관리할 수 있는 부분이다. 개별적인 학생들의 진행 과정을 살펴보고 질의응답을 통한 개별적인 피드백을 제시해 줄 수 있다([그림 43]). 또한 전체 프로젝트, 관심 프로젝트, 진행 프로젝트, 완료 프로젝트로 프로젝트의 관리 구조를 제시하여 현재 진행하고 있는 것뿐만 아니라 완료된 프로젝트에 담겨진 정보를 활용할 수 있도록 구성하였다. 학생용 시스템은 학생 자신이 등록된 프로젝트에서 현재 어느 단계에 위치해 있는지 파악할 수 있고, 학생용 커뮤니티, 반별 커뮤니티를 통해서 다른 학생들과 동료 상호작용을 진행할 수 있다.

개요	**진행현황**	반커뮤니티	학생정보	□ 빛과 그림자

진행현황 □ 신규 질의/응답 : 없음 1 [2] [3] +한 번에 검색할 학생 수 5 ∨ 엑셀파일 만들기

액티비티	스텝	고소리	김삼순	김상식	김석용	김영수
도입	도입[참조형]	☑	☑	☑		
빛을 보는 과정	빛을 보는 과정 - 개요[참조형]	☑	☑	☑		
	물체를 보는 방법 A[질문형]					
	물체를 보는 방법 B[질문형]					
	빛을 인식하기[질문형]			▨		
햇빛에서의 구멍과 상	햇빛에서의 구멍과 상 - 개요[참조형]			◪		
	구멍의 크기와 상-예측[사고형]			▪		
	구멍의 크기와 상-실험[질문형]			▨		

[그림 38] 교사 시스템의 예(프로젝트 진행 관리)

'온라인 과학탐구 학습체제'의 환경을 통해서는 설계 원칙의 첫 번째, 두 번째, 세 번째를 지원하도록 구성이 되었다. 학생용, 교사용, 관리자용 환경을 달리하여 각 사용자의 목적에 맞는 메뉴들을 배치하여 학습자의 접근을 용이하게 구성하였고, 프로젝트 전체 과정에서 일어나

는 학생들의 활동 결과가 자동 생성되도록 하였고, 단계별로 전체의 진행 과정을 한눈에 볼 수 있도록 구성하여 학생들은 자신이 수행한 탐구 과정을 되돌아보고 반추할 수 있는 기회를 갖게 된다. 또한 각 단계별로 '질문하기'를 통하여 교사와 상호 작용을 가능하도록 하였고, '커뮤니티'를 통하여 비동기적 상호 작용이 가능하게 하였다.

온라인 과학탐구 학습체제에서는 프로젝트의 운영자인 교사가 제시되어 있는 과제의 액티비티와 스텝 중에서 원하는 것을 취사선택하여 재구성하고 각 스텝도 수정할 수 있도록 하였다. 따라서 하나의 프로젝트도 교사의 역량에 따라서 다양한 형태로 운영될 수 있어 다양한 수준의 학습자에 따른 맞춤형 교육도 가능하다.

3) 구 성

'온라인 과학탐구 학습체제'의 학습 과제(프로젝트)는 단계적으로 활동이 진행되도록 구성되어 있다. 각 프로젝트는 5~10개의 작은 단계(스텝)로 이루어진 활농(액티비티) 4~6개로 구성되어 있다. 각 단계는 학생들에게 관련된 자료를 제시해 주는 참조형, 학생들이 예측하고 추리한 것을 기록하는 사고형, 제시된 질문에 대한 답을 기록하는 질문형의 세 가지 형태로 구성되어 전체 학습 과제는 최소 1주일 내지 2주일 동안 학습이 이루어질 수 있도록 구성된 프로젝트형 학습체제이다. 또한 모든 학습 과정이 끝난 이후에는 학생들에게 '도전 과제'가 제시되어 학습한 내용과 탐구 능력을 바탕으로 심화된 과제를 수행하도록 되어 있다.

온라인으로 진행되는 학습 활동은 애니메이션, 동영상, 시뮬레이션 등과 같은 멀티미디어 자료를 활용하여 학생들의 학습 효과를 높일 수 있다. '온라인 과학탐구 학습체제'에서는 텍스트를 기반으로 하는 기본적인 정보의 제공 이외에 애니메이션을 이용하여 학생들의 동기를 유발시키고, 실제 실험 장면은 동영상으로 촬영된 자료와 사진을 제공하여 이해를 돕게 구성을 하였으며, 학생들이 변수를 조절하여 이상적인 결과를 확인하는 시뮬레이션 자료를 포함하였다.([그림 39]~[그림 41])

학생들은 정해진 단계를 따라서 탐구 과정을 수행하는데, 자신이 수행한 결과를 서버에 등록하여 교사 또는 다른 학습자로부터 피드백을 받게 된다. 이때 자신의 생각을 정확하게 전달하는 지원이 필요한데 '온라인 과학탐구 학습체제'에서는 수식 입력 모듈을 통해서 일반적인 텍스트로 표현이 어려운 수식을 입력할 수 있고([그림 42]), 학생들이 실험한 데이터를 입력하여 자동으로 그래프를 생성해 주는 그래프 작성 모듈([그림 43])과 웹상에서 그림을 통하여 표현을 하는 그림 작성 모듈([그림 44]~[그림 45])을 제공하여 학생들의 사고 과정이 밖으로 보일 수 있도록 지원하고 있다.

웹으로 진행되는 학습 활동은 교사의 지원이 부족한 상태에서 학생들의 학습 활동이 이루어지기 때문에 웹에서 제공되는 콘텐츠는 학생들이 스스로 학습하는 데 도움을 줄 수 있는 내용 설계가 필수적이다. 특히 '온라인 과학탐구 학습체제'는 학생들에게 지식을 제공하는 것이 목적이 아니고 탐구 능력을 신장시키는 것이 목적이기 때문에 학생들이 정해진 단계를 실패하지 않고 수행해 나가도록 하는 것이 가장 중요하다.

[그림 39] 애니메이션의 예시

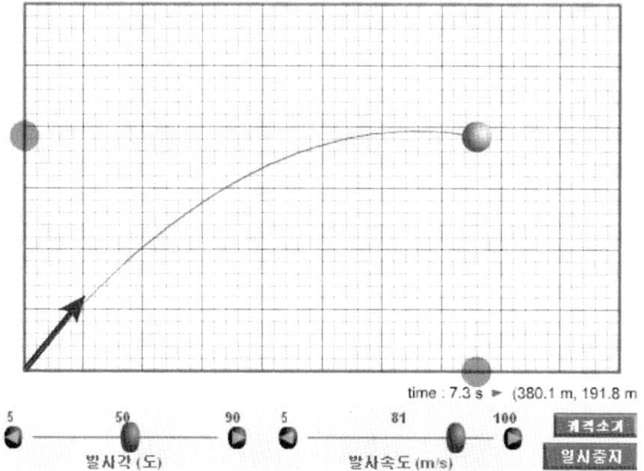

[그림 40] 시뮬레이션의 예시

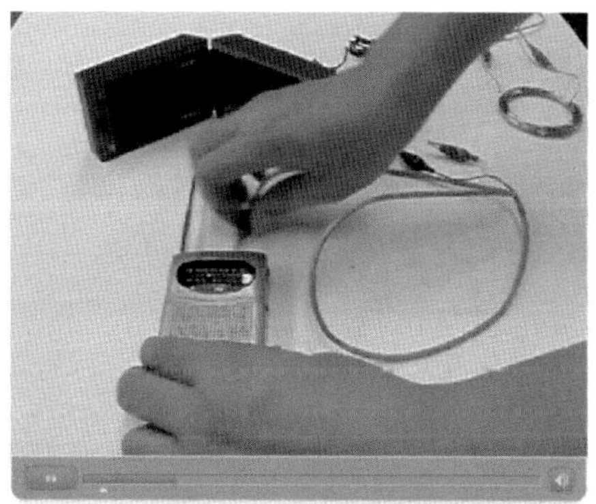

[그림 41] 동영상의 예시

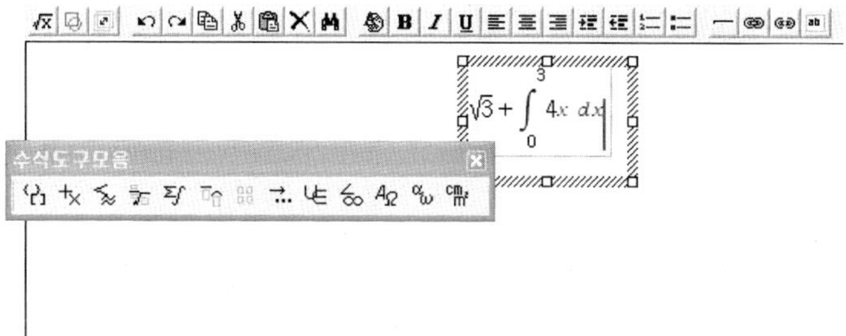

[그림 42] 수식 편집 모듈의 예시

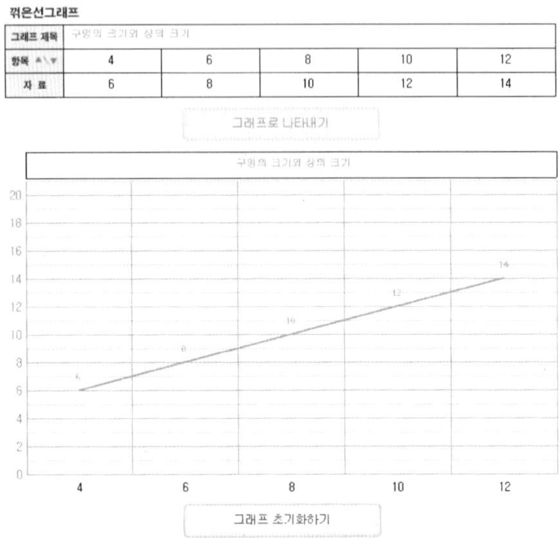

[그림 43] 그래프 작성 모듈의 예시

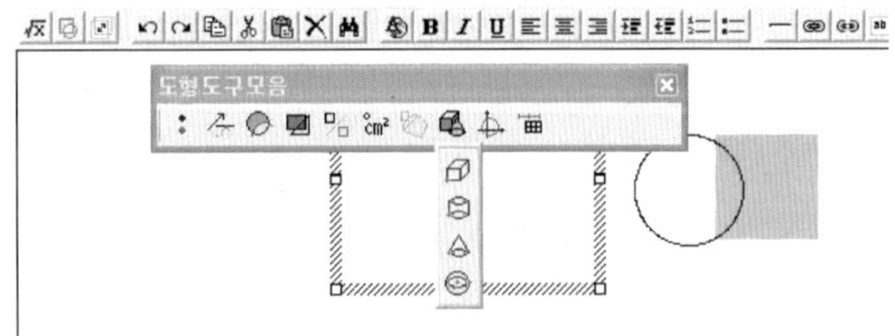

[그림 44] 그림 작성 모듈의 예시 1

[그림 45] 그림 작성 모듈의 예시 2

많은 웹 기반 학습 프로그램들은 학습자들에게 내용을 전달하는 방식의 일방향성을 가지고 있는 것에 대해 많은 비판을 받고 있다. 이에 반하여 '온라인 과학탐구 학습체제'에서는 학생들이 스스로의 활동 결과를 웹에 올림으로써 자신만의 보고서가 만들어지고 최종적으로는 하나의 지식이 형성되는 과정으로 이어지게 되도록 구성하였다. 학생들은 주어진 문제를 해결하기 위한 실험 방법을 설계하여 웹에 등록하고, 웹을 통하여 제시된 실험 방법을 개선하는 과정까지 다루게 된다. 또한 실제 학생들이 수행한 과정을 사진 찍어 그 결과와 함께 웹에 올려 교사 또는 다른 학습자들이 그것에 대한 평가가 이루어질 수 있도록 내용을 구성하였다. 이를 통하여 학생들은 관찰, 측정과 같은 기초 탐구 능력뿐만 아니라 실험 설계, 자료 해석, 결론 도출에 이르는 복합 탐구 능력 요소까지 신장시킬 수 있는 기회를 갖게 된다. 또한 교사와의 상호작용, 다른 학생들과의 상호 작용까지 고려하게 됨으로써 자기 자신의 결과를 다른 사람을 설득시킬 목적을 가진 보고서로 작성하면서 의사소통의 능력을 배양할 수 있다.

2. 온라인 토론

1) 개 념

토론 수업의 여러 가지 장점에도 불구하고 실제적으로 학교 현장에서의 토론 활용은 그다지 크지 못하다. Lemke(1990)의 연구에서도 과학 수업에서 진정한 의미의 토론이 보이지 않는다고 밝혔고, Tobin과 Garnett(1987)의 연구에서도 학생들 간의 토론 활동은 그다지 찾기 어려웠다고 하였으며, 이범홍(1998)은 중학교 과학 교사의 설문을 통해서 전체 수업 시간 중에서 토론이 차지하는 시간은 15%도 되지 않는다고 보고하였다. 그리고 Hoadley와 Linn(2000)은 교실수업에서 15~20%만이 토론에 참여할 수 있다고 하였다. 또한 실제로 토론 활동이 일어나기 위해서는 시간적, 공간적인 조건들이 필요할 뿐만 아니라, 토론이 진행되는 과정에서도 토론 참여자들이 균등한 기회를 제공받지 못하여 실제로 토론에서 발언권을 얻지 못하는 경우가 많이 발생한다.

이러한 교실 토론에서 발생하는 문제점을 해소하는 방안에 대해서 여러 연구가 진행되고 있고, 이 중에서 컴퓨터 네트워크를 이용한 새로운 환경이 바로 온라인 토론 학습 환경이다. 온라인 토론(online discussion), 가상 토론(virtual discussion), 사이버 토론(cyber discussion), 컴퓨터 매개 통신(computer mediated communication), 웹 기반 토론(web based discussion), 컴퓨터 토론(computer conferencing) 등 여러 가지 형태로 불리는데, 이에 대한 정의로는 Rapaport(1991)의 "멀리 떨어져 있는 학습자들이 문자를 기반으로 하는 전자적 메시지를 다수 대 다수의 형식으로 주고받으며, 대부분 비동시적으로 진행되는 상호작용"을 보편적으로 사용하고 있다. 특히 컴퓨터 네트워크 중에서 웹(World Wide Web)으로 대표되는 인터넷은 이전의 온라인 환경들이 제시하는 모든 기능들을 통합한 형태로 가장 주목받고 있고, 본 연구에서도 웹을 기반으로 한 웹 기반 토론을 온라인 토론이라고 지칭하고 있다. 웹 기반 토론은 "웹 환경에서 이루어지는 대인 간 상호작용의 유형 중 가장 대표적인 것으로, 웹이 창출하는 가상공간에서 텍스트를 기반으로 학습자 상호간에 메시지를 교환하여 상호 작용하는 토론의 형태"를 말한다(임정훈, 1999b).

역사적으로 보면, 새로운 의사소통 방법의 등장은 사람들의 대화 방식에 변화를 가져올 뿐만 아니라, 사회적, 지적, 경제적, 정치적인 발전에 대한 새로운 길을 만들었다. Levinson(1990)에 따르면, 온라인 토론(컴퓨터 매개 통신, CMC)이 등장하기 전에 통신 기술은 의사소통의 자유와 가능성을 증가시켜주었지만, 인간과 인간 사이의 자연적인 상호작용은 상대적으로 잃어버리게 되었다. 인쇄물이나 라디오, 텔레비전과 같은 일방향(one-way)적인 통신 방법은 많은 사람들에게 의견을 전달할 수 있지만, 학생들은 단지 청중의 역할밖에 할 수 없었고, 전화나 전보와 같은 양방향 통신 방법도 문제가 있다. 그러나 온라인 토론(CMC)은 다른 형태의 통신 방법이 제공하는 시간과 공간의 한계를 넘어서는 기술적인 이익과 함께 말하기(speech)와 같은 자연스러운 통신의 형태가 주는 장점을 아울러 가지고 있다. 이런 차원에서 Levinson(1990)은 온라인 토론(CMC)에 대해 '즉각적(instant)이면서도 영속적(permanent)이고, 전체적(global)이면서도 상호작용적(interactive)인 전적으로 유연(malleable)하다'고 평가하면서 온라인 토론이 갖는 다양한 특성에 대하여 언급하였다.

2) 특 징

온라인 토론은 교수학습 활동에서 무한한 잠재력을 가지고 있으며 (Harasim, 1990; Kuehn, 1994), 지난 십여 년간 교수학습 활동을 지원할 수 있는 가장 혁명적인 수단으로 보여 왔다(Hara, Bonk & Angeli, 2000; Kang, 1998). 이는 새로운 교육 환경으로서의 의미도 포함되지만 면대면 토론에서 나타나는 제한점을 극복할 수 있으리라는 기대(McComb, 1994)도 반영된 것이다. 온라인 토론은 컴퓨터를 매개로 한 가상공간 속에서 일어나기 때문에 기존의 면대면 토론과는 다른 상이한 특징을 가지고 있고, 이런 측면이 교육적으로도 유용한 특성을 제시한다.

(1) 시·공간 초월

온라인 토론의 가장 큰 장점으로 언급하는 것이 바로 시간과 공간의 제약에서 벗어날 수 있다는 점이다(Bonk et al., 1996; Harasim, 1990, 1993; Henri, 1992; Kang, 1998; Kuehn, 1994). 면대면 토론이 이루어지기 위해서는 항상 학생들은 정해진 시간에 일정한 장소로 모여야 한다. 물리적으로 근접한 장소에 모여야 하는 것에 비해서 온라인 토론은 인터넷에 연결이 가능한 어떤 곳이라면 어떤 장소에서든 접근이 가능하다. 따라서 신체적으로 장애가 있어 교실수업에 참여하기 어려운 학생이나 멀리 떨어져 있는 사람들도 참여할 수 있다(Althaus, 1997). 공간적 제한의 극복은 공통의 관심사나 전문성을 기초로 언제든지 새로운 공동체를 형성할 수 있도록 해줌으로써 학습에 보다 풍부한 지적 자원을 활용할 수 있게 해준다는 장점이 있다(임정훈, 1999b).

대부분의 온라인 토론은 비동기적[9]으로 이루어지기 때문에 학생들은 토론을 하기 위해서 일정한 시간에 모이지 않아도 된다. 학생들은 편한 시간에 접속하여 다른 사람들이 쓴 글을 읽고 자신의 생각을 적을 수 있다. 특히 답변하는 데 충분한 시간을 갖고 준비할 수 있기 때문에 토론 주제에 대하여 깊이 있는 이해가 가능하다. 실제 수업 시간을 이용하여 면대면으로 토론을 할 경우에는 대략 40분 이내에 종료가 되어야 하기 때문에 많은 사람들이 참여하기도 어려울 뿐만 아니라 답변을 즉시 해야 하기 때문에 어려움을 느끼곤 한다. 면대면 토론에서는 학생들이 즉각적으로 말을 해야 한다는 부담감이 있는데, 온라인 토론에서는 다음에 말할 것이 무엇인지 고민하지 않고도 글을 읽음으로써 다른 사람들의 생각을 자유롭게 수용한 후 신중하게 토론에 참여할 수 있게 된다(Hoadley & Linn, 2000). 즉, 온라인 토론이 갖는 비동기성은 면대면 토론에서 나타나는 부적절한 특성들을 제거할 수 있다. 학생들

---

9) 실시간 채팅, 메신저 등과 같이 실시간으로 이루어지는 경우도 있다.

은 편한 시간에 로그인하여 토론에 참여하기 때문에 다른 사람들이 올린 글을 읽고 그것에 대해 곰곰이 생각해 보고 신중한 반응을 할 시간적 여유를 갖는다. 이것은 학생들이 온라인 토론에서 자기 스스로 참여 정도를 조절(self-paced)할 수 있게 되어 자기 주도적인 학습이 가능해진다. 또한 내성적 성격을 가져 다른 사람들 앞에서 자신의 생각을 말하는 데 어려움을 갖는 학생들, 언어가 유창하지 않은 학생들, 다양한 언어를 사용하는 학생들(외국인이 포함된 경우) 사이에서는 온라인 토론이 큰 도움이 될 수 있다(Berge & Collins, 1993; Harasim, 1990).

(2) 텍스트 중심

두 번째의 온라인 토론의 특징으로 많이 지적하는 것은 토론이 텍스트를 중심으로 이루어진다는 점이다(Berge & Collins, 1995; Harasim, 1990, 1993). 최근 웹을 통한 멀티미디어 환경의 강화로 텍스트 이외에 시청각적인 요소를 가미할 수 있기는 하지만, 근본적으로 온라인 토론은 텍스트가 의사소통의 기본이다. 면대면 토론에서는 몸짓, 얼굴표정, 목소리 돈, 억양 등 여러 가지 보조적인 수단이 의사의 전달에 사용될 수 있지만, 온라인 토론에서는 상대적으로 제한된 문자 정보만을 다루게 된다. 물론 이것이 자기의 의사를 표현하는 데 방해요소로 작용할 수도 있지만, 자기의 생각을 즉흥적으로 말로 표현하지 않고 차분히 생각하면서 글로 표현하도록 유도함으로써 면대면 토론에서보다 훨씬 더 사려깊은 반성적 고찰을 가능하게 하고, 자기반성에 따른 메타 인지적 기능(metacognitive skill)의 향상을 주는 장점이 있다(Harasim, 1990). 이런 생각은 지식 형성에 대해서 글쓰기가 도움이 된다는 Vygotsky(1978)의 견해와도 일치한다. 또한 온라인 토론에서의 의사소통은 구어체보다는 문어체에 가깝기 때문에, 이런 문어의 특성이 온라인 토론에서 학습자들의 논리적 토론기능 향상에 유리한 환경을 제공하며(박지숙, 1999), 글로 작성된 의견은 시각적으로 볼 수 있기 때문에 주장하는 내용을 쉽게 이해할 수 있다. 다른 사람들을 신경을 쓰지 않아도 되기 때문에 내용 자체에 더욱 몰두할 수 있게 된다(Harasim, 1987).

또한 온라인 토론은 신체적인 결함이 있는 사람들에게도 도움이 된다는 것은 앞의 공간적 제약에 대한 특징과 함께 온라인 토론의 장점으로 받아들여지고 있다(Coombs, 1989; Althaus, 1997에서 재인용). 청각 장애가 있는 사람도 다른 사람의 도움 없이 토론에 참여할 수 있고, 특히 신체적 장애가 다른 사람들로부터 주목받지 않기 때문에 평등한 참여에 방해가 되는 사회적, 물리적 외모와 관련된 고정관념의 영향을 줄일 수 있어(Althaus, 1997; Harasim, 1993), 모든 학습자들이 참여할 수 있는 기회를 제공해 준다(Berge & Collins, 1993; Hoadley & Linn, 2000).

(3) 다대다 상호작용

대부분의 교수학습 과정에서 일어나는 상호작용은 일대일, 일대다, 다대다(many to many)의 통신구조 중의 하나를 따르게 된다(Harasim, 1987). 전형적인 면대면 토론에서는 일대일 또는 일대다 모델을 따르게 되며 절반 이상이 교사 중심으로 일어나기 때문에 학생들 간의 상호작용을 방해하는 요인이 되기도 하고, 대화가 일방적으로 진행될 수도 있다. 반면에 온라인 토론은 기본적으로 다대다 모델을 따르기 때문에 학생들의 상호작용을 촉진시킬 뿐만 아니라 학생들이 능동적으로 참여하는 협동학습 환경을 조성해 준다. 대화를 통한 상호작용으로 협동학습이 가능하게 되어 많은 교육학자나 경제학자들이 온라인 토론에 많은 관심을 갖고 있다(Pena-Perez, 2000). 이러한 상호작용 측면은 온라인 토론에 참여하는 학생들이 서로 관계를 형성하기 때문에 기존의 원격교육에서 발생하는 소외감이나 고독감을 제거할 수 있는 장점이 있다(Klemm, 2000).

(4) 컴퓨터를 매개물로 이용

온라인 토론이 갖는 또 하나의 특성은 컴퓨터를 매개로 이루어진다는 것이다. 비디오나 우편, 대중매체 등을 이용한 원격교육에서 소외된 상호작용을 높이기 위한 수단으로 온라인 토론을 활용하게 되는데 앞에서 설명한 모든 특성들은 컴퓨터를 매개로 하기 때문에 가능한 것들이기 때문에 가장 중요한 특성으로 받아들여진다(Harasim, 1990). 특히 웹을 기반으로 하는 온라인 토론은 실제 공간이 아닌 가상공간에서 일어나고, 서버에 모든 토론 내용이 저장되어 모든 사람들이 원하는 시간에 필요한 내용을 접할 수 있어 학습 상황을 스스로 통제할 수 있어 자기 주도적으로 학습을 할 수 있는 자율성을 부여받게 된다.

또한 교사는 학생들이 글을 쓰는 정도와 글의 내용을 컴퓨터를 이용하여 볼 수 있기 때문에 대략적인 학생들의 참여 정도를 파악할 수 있고 적절한 피드백을 할 수 있어 학생 지도에 도움이 된다(Hara, Bonk & Angeli, 2000).

3) 한계점

물론 온라인 토론이 장점만을 가지고 있는 것은 아니다. 시간의 제약이 없다는 것은 교사나 학생 모두에게 끊임없이 활동을 해야 한다는 부담을 과중시킨다는 단점이 있다(Hara, Bonk & Angeli, 2000). 어떤 학생들은 글을 작성하고 다른 사람이 쓴 글을 읽는 과정에 많은 시간이 걸리기 때문에 텍스트 기반의 온라인 토론을 싫어하기도 한다(Ocker & Yaverbaum, 1999). 또한 Harasim(1990)이 지적한 바와 같이 학습자들이 서로 볼 수 없기 때문에 불안감을 느낀다는 점도 큰 문제점이고, 글을 읽기만 하고 쓰지 않으려는 은닉자(Lurkers)의 등장은 토론이 활발하게 일어나지 않는다는 문제를 제기한다. 비동기적으로 이루어지기 때문에 즉각적인 피드백이 부족하여 학생들을 토론으로부터 멀어지도록 할 수 있고, 비언어적인 표현의 부족은 사회적인 존재감(social presence)을 약하게 할 수 있어(Short et al., 1976; Ocker & Yaverbaum, 1999에서 재인용), 결과적으로 비인격화된 의미를 갖게 된다.

다른 형태의 통신 방법과 마찬가지로 온라인 토론 자체가 인간의 의사소통을 전적으로 대신할 수는 없고 단지 다른 사람과의 의사소통 기회를 증가시켜 주고, 다른 사람과의 상호작용이 가능한 방법의 수를 확장시켜 주는 것이다. 과거에 있어 왔던 여러 형태의 기술적인 변화와 마찬가지로 온라인 토론은 학습하는 방법에 대한 또 하나의 가능성을 열어주는 것이다.

4) 토론 내용 분석 방법

(1) 내용 분석의 의미

컴퓨터를 활용한 온라인 토론은 토론 활동 자체가 역동적이고 상호작용적인 학습 과정이기 때문에 학생들의 상호작용을 이해하는 것은 토론 전반을 이해하는 바탕이 된다. 온라인 토론은 주로 텍스트로 이루어져 컴퓨터상에 기록이 되기 때문에 학생들 간의 상호작용의 내용은 학생들이 작성하는 글의 내용 속에 담겨져 있다. 따라서 학생들이 작성한 글에 대한 분석은 온라인 토론의 연구에 가장 기본적인 것이다.

물론 온라인 토론을 실시하는 동안에 학생들에 대한 설문조사를 실시하거나 면담을 실시할 수도 있고, 다양한 통계자료를 바탕으로 분석을 하는 것도 가능하지만, 이러한 방법보다도 더 가치가 있는 것은 실제로 학생들이 쓴 글의 내용을 분석하는 것이다(Mason, 1992). 온라인 토론의 내용을 분석하는 과정인 내용 분석(Content analysis)은 서로 대치되는 범주로 만들어진 이론상 의미 있는 단위로 내용을 묶어내는 체계적이고 신뢰할 만한 방법으로, 학습 과정을 이해하려고 할 때 학습자가 자신의 생각을 어떻게 표현하는지에 대한 정보를 제공해 줄 수 있다(Blake & Rapanotti, 2000). 내용 분석은 Berelson(1951; Rourke et al., 2001에서 재인용)이 말한 "통신(대화)의 명백한 내용의 객관적이고 체계적이고 정량적인 묘사를 위한 가장 단순하면서도 가장 직접적인 연구 방법"이다. 또한 일련의 데이터를 비교하고 대조하고, 목록화하는 다양한 방법에 대한 일반적인 명칭으로 Schwandt(1997)에 따르면 내용 분석은 수치적(numeric)이고, 해석적(interpretive)인 자료 분석이다. 보통 온라인 토론은 토론 참가자들 사이의 대화에 대한 분석이기 때문에 대화 분석(discourse analysis)에 연결시키기도 하지만(Yagelski & Grabill, 1998), 내용 분석은 대화의 과정이나 특정한 대화행동(specific speech acts)보다는 텍스트의 분석과 목록화에 더 큰 관심을 갖는다는 점에서 차이를 보인다(Hara, Bonk & Angeli, 2000).

온라인 토론에서 나타나는 메시지들은 다의적인 성격을 지니고 있어, 토론 과정에서 교환되는 메시지들의 분석을 통하여 우리는 다양한 현상을 밝혀주는 학습 과정을 보다 잘 이해할 수 있게 되며, 학생들 간의 상호작용을 증진시킬 수 있는 유용한 자료들을 제공받을 수 있다(Henri, 1992).

면대면 토론에 대한 분석을 할 경우에는 토론 과정을 녹화 또는 청취하여 이것을 전사한 후 분석을 해야 하지만, 온라인 토론은 컴퓨터를 사용하기 때문에 일정서버에 모든 학생들의 메시지들이 저장되어 언제 어디서나 쉽게 그 내용을 불러올 수 있는 큰 장점이 있다. 또한 학생들이 언제 접속하여 어떤 글을 적고, 어떤 글을 읽었는지에 대한 정보를 볼 수 있어 학생들의 토론 참여 정도를 알 수 있다는 장점이 있다. 이렇게 컴퓨터 통신을 활용한 온라인 토론은 학습의 전반적인 상태를 파악해 내는 데 매우 유용한 자료로 사용될 수 있다(이유연, 1995).

이전의 온라인 토론에 대한 내용 분석은 주로 정량적인 분석이 주를 이루었으나(Mower, 1996; Walther & Tidwell, 1995), 정성적인 분석 방법에 대한 많은 요구도 있어 왔다(Iseke-Barnes, 1996; Riel, 1990; Romiszowski & Mason, 1996). 따라서 최근에는 두 방법의 장점들을 살려 정량적인 방법과 정성적인 방법을 병행하여 사용하는 연구(Hara, Bonk & Angeli, 2000)도 많이 증가하고 있다.

그러나 컴퓨터 매개 토론에 대한 연구에서 내용 분석이 가장 연구할 만한 부분(Kuehn, 1994)이라고 하면서도 실제로 이에 대한 연구는 많이 부족하다(Rice, 1989; Romiszowski & Mason, 1996). 그에 대한 이유 중에 하나는 분석을 하는 데 시간이 많이 소요된다는 점이다. 또한 이러한 온라인 토론을 분석할 만한 적당한 방법을 찾을 수 없기 때문이다. 실제로 지금까지 이루어져 왔던 온라인 토론에 대한 연구의 대부분은 교수학습 과정에 일부로 사용된 온라인 토론이나 연구를 위해서 설계된 온라인 토론에 대한 분석이 대부분일 뿐, 실제적으로 온라인 토론만을 실시한 것에 대한 연구에 대한 분석(Ahern et al., 1992; Howell- Richardson & Mellar, 1996; Mowrer, 1996)은 찾기가 어렵다는 점에서 그 이유를 찾을 수 있다.

(2) 온라인 토론의 내용 분석 모델

일반적으로 내용 분석을 하기 위해서는 학생들의 활동에 대한 기초 자료를 수집해야 한다. 면대면 토론과는 달리 온라인 토론에서는 학생들의 토론 내용을 전사하는 과정이 생략되기 때문에 손쉽게 기초 자료를 얻을 수 있다. 따라서 온라인 토론의 내용 분석의 가장 첫 번째 단계는 분석할 변인을 설정하여 분석 틀을 만드는 단계에서 출발한다. 이를 이용해서 다수의 연구자들의 합의에 따라 코딩을 하는 작업이 뒤이어 진행된다.

온라인 토론의 메시지 내용 분석에 대한 모델 중 가장 많이 이용되는 것이 Henri(1992)의 메시지 분석 모델과 Gunawardena(1997)의 상호작용 분석 모델이다. 그 후에 있는 대부분의 연구들도 자신만의 새로운 모델을 제시하기는 하였지만 그 기본이 되는 것이 위의 두 가지 형태의 모델이므로 이에 대해서 자세하게 살펴보는 것은 의미가 있다.

① Henri의 메시지 분석 모델

Henri(1992)는 온라인 토론에서 토론 내용을 이해하기 위한 목적으로 학습자 간의 상호작용을 분석할 수 있는 도구를 고안하였다. 컴퓨터를 이용한 온라인 토론에서 학생들 간의 의사소통은 메시지의 교류를 통하여 이루어지기 때문에 커뮤니케이션 네트워크의 특성을 밝히기 위해서는 이들 메시지의 내용을 분석해 내고 교수자들로 하여금 학습 과정을 더 잘 이해할 수 있는 틀을 제공해 준다는 데 큰 의의가 있다. Henri(1992)는 자신이 만든 모델을 활용함으로써 학생들의 협동학습 과정을 지원하고 촉진시킬 수 있다고 생각하였다. 즉 학생들이 토론을 통한 협동학습에서 결과물로만 평가가 가능한 환경 속에서 학습의 과성을 파악할 수 있게 되었고, 학생들이 어떤 과징을 거처시 인지발달을 가져오고 있는가에 대한 이해가 가능해진 것이다.

Henri(1992)는 온라인 토론에서 나타나는 메시지 속에는 하나 이상의 생각이 표출되기 때문에 메시지를 의미단위(units of meaning)로 나누어 분석하였다. 이 의미단위들이 나타내는 의미를 참여적, 사회적, 상호작용적, 인지적, 메타 인지적 차원의 5가지 차원을 기준으로 모델을 제시하였다. 분석의 범주와 해당 범주의 정의, 그리고 그에 따른 지표들은 [표 4]와 같다.

Henri(1992)가 제시한 다섯 가지의 분석 차원을 좀더 자세하게 살펴보면 다음과 같다.

- 참여적 차원(participative dimension)

학생들이 올린 글의 수를 세는 것만으로 학생들의 참여 수준을 알아보는 것은 불충분하지만 다른 분석 자료에 덧붙여 유용한 자료로 활용될 수 있다. Henri(1992)는 학생들의 참여 수준을 토론이 일어나는 동안 접속한 횟수, 올린 글 수에 해당하는 전체 참여(overall participation)와 직접적으로 학습에 관련이 있는 글의 수에 해당하는 적극적인 학습 참여(active participation in learning process)로 구분하였다.

- 사회적 차원(social dimension)

Henri(1992)는 Berger 등(1987; Henri, 1992에서 재인용)의 모델에 기초하여 학습 내용과 직접 관련이 되지는 않으나 학습 과정에서 학습자를 심리적으로 지원해 주는 내용으로 사회적 차원을 분석하였다. 사회적 차원은 토론의 참여도에 영향을 끼치며, 학습 집단의 응집력이나 학습자의 소속감을 파악하는 기준이 된다. 사회적인 표현이 지나치게 많을 경우에는 학습의 방해 요소로 작용하기도 하지만, 협동학습에서와 같이 여러 명이 하나의 목적을 위해 공동으로 작업하는 형태에서는 학습 과정을 돕는 요소로 작용하기도 한다.

[표 4] Henri의 메시지 내용 분석 모델

분석 범주	정 의	지 표
참여적 (participative)	개인 또는 집단이 올린 메시지 또는 진술문 수의 총합	• 메시지의 수 • 진술문의 수
사회적 (social)	학습 내용과 직접 관련이 되지는 않으나 학습 과정에서 학습자를 심리적으로 지원해 주는 내용	• 자기소개 • 언어적인 지원(칭찬, 격려) • "난 기분이 매우 좋아서……"
상호작용적 (interactive)	학습자들 간의 협동학습 수준 및 학습자의 능동적인 참여를 평가할 수 있는 영역으로, 다른 참여자들의 메시지와 관련하여 언급된 내용들	• "……에 답하여……" • "이전에 말했듯이……"
인지적 (cognitive)	학습 과정과 관련된 일반적인 지식이나 기술을 표현하는 진술문	• 질문 • 추론 • 가설의 설정

분석 범주	정 의	지 표
메타 인지적 (metacognitive)	일반적 지식, 기술과 관련하는 학습의 자각, 자기 통제, 학습 활동의 규제를 나타내는 진술문	• "나는 ……에 대해 이해했습니다." • "나는 ……라고 생각합니다."

* 출처: Henri, F.(1992). Computer conferencing and content analysis. In A. R. Kaye(Ed.), Collaborative Learning Through Computer Conferencing: The Najaden Papers, pp.115-136. NY: Springer-Verlag.

• 상호작용적 차원(The interactive dimension)

상호작용의 개념은 Bretz(1983; Henri, 1992에서 재인용)가 제시한 '정보의 통신(communication of information), 정보에 대한 첫 번째 반응(a first response to this information), 첫 번째 반응에 대한 두 번째 답변(a second answer relating to the first)'의 '3단계 과정의 상호작용성'에 기초하여 정의가 이루어졌다. Henri(1992)는 상호작용성 차원을 직접적인 반응(response)이나 직접적인 주석(commentary)과 같은 명시적인 상호작용(Explicit Interaction), 간접적인 답변이나 간접적인 주석과 같은 암시적인 상호작용(Implicit Interaction)과 토론과 관련은 있지만 이전 진술과는 아무런 관련이 없는 독립적 진술문(Independent Statement)과 같이 세 가지 범주로 구분하였다. 상호작용의 분석을 통해 학생들이 교사나 다른 학생들에게 보낸 응답이나 비평을 어떻게 받아들이는지 알 수 있게 된다. 또한 학습을 주도로 이끄는 사람과 소외되는 사람이 누구인지를 알 수 있고, 학생들 간의 상호 협력이 어떻게 이루어지는지에 대한 사항도 파악할 수 있게 된다.

• 인지적 차원(The cognitive dimension)

인지적 차원에 대해서 사고하기와 관련된 인지적 기술을 Ennis(1987, Henri, 1992에서 재인용)의 비판적으로 추론하기 활동과 관련된 분류 기준에 의해 제시하고 있다. Ennis(1987)는 14가지의 경향과 비판적 추론 활동에 관련된 열두 가지의 인지적 기술을 제시하였다. Henri(1992)는

Ennis(1987)가 사용한 추론 기술(reasoning skills)을 재분류하여 요소 명료화(elementary clarification), 심층 명료화(in-depth clarification), 추론(inference), 판단(judgement), 전략(strategies)의 다섯 가지의 범주로 나누었다. 또한 Henri(1992)는 학습 과정이 정보를 처리할 때의 수준에 의해 영향을 받음을 지적하고 정보처리 수준을 표면적 처리(surface processing)와 심층적 처리(in-depth processing)로 나누었다.

• 메타 인지적 차원(metacognitive dimension)

메타 인지적 모델에 대해서 Henri(1992)는 Deschenes(1990, Henri, 1992에서 재인용)에 의해서 제시된 정의를 사용하였다. 그는 학습자, 과제, 전략과 관련된 선언적인 지식(declarative knowledge)이 포함된 메타 인지적 지식(metacognitive knowledge)과 평가, 계획, 규제, 자기인식과 관련된 절차적인 지식에 대항되는 메타 인지적 기술(metacognitive skills)의 두 가지로 나누었다. 이러한 분석을 통해서 교사는 학습 과정의 특성, 학습자들의 메타 인지적인 활동 및 활용기술에 대해서 알 수 있다.

Henri(1992)의 메시지 내용 분석은 이어지는 많은 연구에서 사용되었다. Howell-Richardson과 Mellar(1996)도 Henri의 모델이 각 차원에 적용되는 척도가 모호하고 주관적이라고 지적하면서도 자신의 연구에서도 사용하였다. 뒤에 정량적 연구의 한계로 정성적인 방법이 도입되지만 Henri의 메시지 분석 모델을 대부분의 연구의 근간이 될 정도로 많은 연구자들로부터 검토되어 수정 사용되고 있다.

② Gunawardena 등(1997, 1998)의 상호작용 분석 모델

Gunawardena, Lowe 그리고 Anderson(1997, 1998)은 Henri(1992)가 제시한 분석 방법이 교사 중심 수업 패러다임에 기반을 두고 있어 지식의 공유에 기반을 두고 있는 구성주의 환경에서는 적절치 못하다는 한계를 인식하고, Henri(1992)와 Levin, Kim, 그리고 Riel(1990)의 분석

모델을 검토한 후 사회적 구성주의 관점에 의한 새로운 분석 모델을 개발하였다. 사회적 구성주의자들은 언어와 사회적 상호작용이 지식의 공유에 대한 직접적인 수단을 제공한다고 믿고 있으며, 이때 의미는 상호간의 행위에 대한 상호적인 이해와 해석을 노출하고 있는 상호작용을 통하여 공유되고 성취되는 것이기 때문에, 상징을 통하여 또는 언어적 상호작용을 참조체제로 간주함으로써 참여자가 특정 현상을 해석하는가를 파악할 수 있게 된다(이용숙과 김영천, 1998). 의사소통을 위한 상호작용에 있어서 언어적 메시지인 텍스트는 수동적인 저장체이기는 하지만 단순히 그 생성자로부터 관련된 내용이 전달되는 것은 아니며 텍스트는 언어들이 서로 상호작용을 하고, 간섭하며, 서로를 위계적으로 조직하는 기호학적인 공간이 된다. 언어적인 상호작용의 메시지는 그것이 생성되는 환경을 반영하는 것이며, 따라서 특정 현상에 대한 해석을 어떻게 하는가는 그들이 교환하는 메시지의 과정을 분석하면 가능하게 된다(석수송, 2001).

즉, 온라인 토론에서 참가자들은 새로운 지식을 만들거나 의미에 대한 새로운 이해에 도달하기 위해 서로 상호작용을 하기 때문에 Guna-wardena 등(1997, 1998)은 내용 분석에 있어 구성주의 모델을 제안하였다. 그들은 [그림 46]과 같이 퀼트 조각을 이용하여 지식의 구성을 설명하였다. 각각의 퀼트 조각들이 모여서 된 그림은 상호작용의 중요성을 잘 나타내주고 있는데, 퀼트 조각은 작은 천 조각들이 모여서 만들어지며 이들이 모였을 때 밝고 화려한 형태를 나타낸다. 여기서 온라인 토론에 참여하는 학생들의 기여를 각각의 천 조각으로 생각할 수 있다. 즉 각각의 참가자들이 전체에 자신의 의견을 올림으로써 전체적으로는 구분되는 의견을 가지게 된다. 하나의 토론 과정 동안 완전하지 않을 수 있고, 개별적인 응답들이 패턴을 형성하는 데 기여하게 된다. 참가자들이 함께 조정되는 과정이 상호작용이며, 지식의 공동 구성에서 천 조각을 함께 놓는 본질적인 과정인 것이다(차정호, 2003).

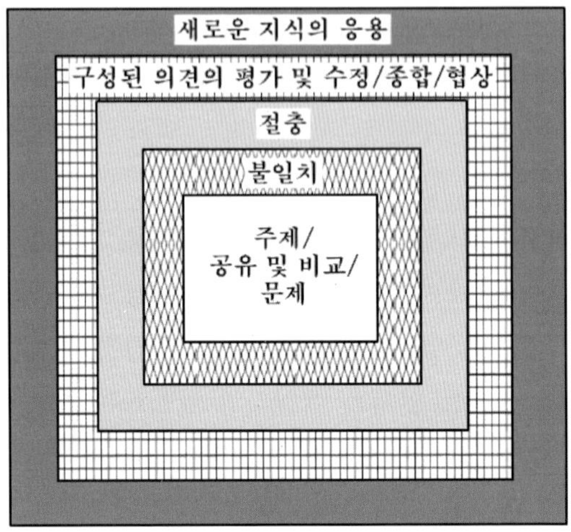

[그림 46] Gunawardena 등의 구성주의 모델

Gunawardena 등(1997, 1998)은 능동적인 지식의 구성이 다섯 가지 단계를 거치게 되고, 지식이 사회적으로 구성된 모든 사례가 순차적으로 각 단계에 따라 진행되지는 않는다 하더라도, 그러한 지식들은 구성주의 지식 형성에 관련된 논문의 주장들과 대부분 일치한다고 하였다. 즉, 모든 지식구성의 활동들이 정확하게 따르지는 않지만 일반적으로 구성원들이 문제를 지니고, 그에 대한 정보를 공유하며, 해답을 찾고, 검증을 하며, 적용을 하는 절차를 거쳐 갈 때에, 지식을 구성하고 있는 참여자들이 보여주는 언어적 메시지의 특성을 열거한 것이다. 앞서 말했듯이 그들은 학생들의 상호작용 과정을 퀼트 조각처럼 각 참여자의 의견들이 합쳐지는 과정으로 보았기 때문에 다음과 같은 네 가지 관점을 통하여 [표 5]와 같이 온라인 토론에서 지식 구성의 상호작용 분석 모델을 제시하였다.

- 참가자들이 수행한 인지적 활동 유형(질문, 명료화, 절충, 종합 등)
- 토론을 통해 진전된 논의 유형
- 새로운 의미를 구성하는 데 있어서 개인적 경험, 문헌 인용, 실험

자료 등의 자료 제시하기
- 집단 내에서의 상호작용의 결과로써 이해의 변화나 새로운 개인적 지식 구성의 증거

각 단계별로 간단하게 요약하면 다음과 같다(석수송, 2001). 1단계에서는 정보의 공유 또는 비교하는 단계로, 이 단계에서는 문제나 의문에 대한 일반적인 관찰 또는 진술의 형태를 취한다. 이 단계는 1인 이상의 여러 참여자들의 문제에 대한 관찰된 사실이나 의견을 진술하고, 일치되는 진술을 찾고, 사례 확인하기, 설명, 확인하는 과정을 포함한다. 2단계에서는 다른 참여자들에 의해 제시된 생각, 개념, 진술 간에 나타나는 부조화나 불일치를 발견하고 발견과 탐색을 하는 과정으로, 부조화는 새로운 관찰과 기존의 학습자의 지식과 사고 기법의 틀과의 불일치로 정의할 수 있다. 이 단계에서 일어나는 활동은 용어, 개념, 스키마의 이해에 대한 차이점 규명과 불일치의 정도를 규명하기 위한 질문과 답변, 앞의 진술을 지지할 때의 요지 또는 논의들의 재진술 및 제출을 포함한다. 3단계에서는 의미의 협의 및 지식의 재구성 단계인데, 이 단계는 용어의 의미 협의 및 명료화와 일치하는 영역의 규명, 타협 또는 재구성의 제안을 포함한다. 4단계에서는 제안된 종합적인 의견이나 지식 구성의 검증과 조정의 단계로, 이 단계에서 일어나는 활동은 기존의 인지적 스키마, 개인적 경험, 공식적인 경험 자료 또는 문헌으로부터 모순되는 정보와 비교하여 검증하는 것을 포함한다. 마지막으로 5단계는 새롭게 구성된 의미의 일치, 진술, 적용의 단계로, 이 단계에서는 새로운 지식을 구성하고 적용하는 것을 설명하는 일치와 메타 인지적 진술이 일어난다.

[표 5] Gunawardena 등의 상호작용 분석 모델

1단계: 지식의 공유 / 비교
A. 관찰된 사실이나 의견의 진술 B. 1인 이상의 다른 참여자들의 일치하는 진술 C. 1인 이상의 다른 참여자들에 의해 제시되는 확증된 예 D. 세부적인 진술들을 명확히 하기 위한 질문과 답변 E. 어떤 문제의 정의, 기술 또는 확인
2단계: 생각, 개념 또는 진술들 간의 부조화 혹은 불일치의 발견과 탐색
A. 일치하지 않는 영역들의 확인 및 진술 B. 일치하지 않는 원인과 정도를 분명히 하는 질문과 답변 C. 참여자들의 위치 재진술, 논의나 생각을 진전시킬 때 개인의 관점을 설명하기 위해 경험, 문헌, 실험결과, 비유 등을 뒷받침하는 자료로 이용
3단계: 의미 절충 / 지식의 공동 구성
A. 용어의 의미에 대한 절충 또는 명료화 B. 각 논의별 상대적인 가중치에 대한 절충 C. 대립되는 개념들 사이에서 동의하거나 겹치는 부분 확인하기 D. 타협이 포함된 새로운 진술 제안과 절충 및 공동구성 E. 통합적 혹은 다른 의견을 포함하는 은유나 비유 제시
4단계: 제안된 종합 의견이나 지식 구성의 검증과 수정
A. 참가자 혹은 그들의 문화에서 공유하는 알려진 사실에 대한 검증 B. 기존의 인지적 스키마에 대한 검증 C. 개인적 경험에 대한 검증 D. 공식적으로 수집된 데이터에 대한 검증 E. 문헌을 통해 모순되는 증거에 대한 검증
5단계: 새로 구성된 의미의 동의 / 적용
A. 동의 점 요약 B. 새로운 지식의 적용 C. 온라인 토론의 결과로써 자신의 지식이나 사고 방법이 변한 정도를 나타내는 메타 인지적 진술

Gunawardena 등(1997, 1998)의 상호작용 분석 모델에서 가장 중요한 용어는 바로 '절충(negotiation)'이다. 절충에 대한 의미로서 가장 단순한 형태는 이미 이해되고 있는 개념에 추가적인 예를 제공함으로써 다

른 사람의 학습 과정에 능동적으로 참여하는 개별 수준에서의 '정교화(elaboration)'의 의미에 해당하는 것이고, 보다 정확하게는 참가자들이 자신의 사고 방법을 기존에 가지고 있는 인지적 스키마와 불일치하는 새로운 개념이나 신념에 맞춰 조정하는 경우에 해당하는 의미로 생각된다(차정호, 2003).

5) 온라인 토론에 대한 국내외 연구

웹을 이용한 학습은 학생들이 시공간 제약에서 벗어나 다양하고 풍부한 자료를 활용할 수 있다는 점에서 많은 관심을 불러일으키고 있다. 웹 기반 학습의 교육적 유용성 중에서도 가장 핵심적인 것으로 이야기되는 것이 학습자들이 다양한 형태의 상호작용을 경험할 수 있다는 것인데, 이런 측면이 온라인 토론에서 그 효과가 더욱더 극대화될 수 있어 많은 연구자들이 관심을 갖고 있다.

(1) 온라인 토론의 일반적인 특성과 관련된 연구

온라인 토론의 일반적인 특성과 관련된 연구로는 이유연(1995), 정혜선과 최성희(1998), Kanuka와 Anderson(1998), 김은진(2001), 한광현과 김미량(2002)의 연구가 있다.

이유연(1995)은 Henri(1992)의 메시지 내용 분석 모델을 이용하여 대학생들의 메시지를 분석하였다. 그 결과 학습 활동과 직접적인 연관이 있는 메시지의 경우 조회율이 높고, 학습과 관련된 메뉴에서는 사회적 상호작용보다 문제 제시 및 해결에 더 적극적이었으며, 타인의 질문에 대한 응답의 경우 명시적인 응답이 대부분이었다고 보고하였다.

정혜선과 최성희(1998)는 '메시지 내용 분석을 통한 전자우편의 교육적 활용 연구'에서 Henri(1992)의 분석 모델을 적용하였다. 그들은 대학생 78명을 대상으로 한 학기 동안 교수자와 학생들 사이에 주고받은 전자우편상의 메시지의 내용을 분석하여, 학생과 교사 간의 상호작용이 어떻게 그리고 얼마나 많이 이루어지는가를 알아보았다.

Kanuka와 Anderson(1998)은 온라인 토론을 통해 수집된 메시지들의 분석 및 다양한 평가 방법들에 대하여 탐색 활동을 수행하였다. 그들은 온라인을 통한 학습을 이해하고 평가하는 데 도움이 되는 Gunawardena 등(1997, 1998)의 구성주의적 상호작용 분석 모델을 적용하였다. 온라인 토론이 수행되는 동안에 일어난 상호작용 유형들을 연구한 결과, 참여자들 속에서 사회적-인지적 과정들이 관찰되었다. 또한 토론 과정에서 사회적 갈등은 지식의 구성 과정에 대해 촉매 역할을 수행하였다고 보고하였다.

김은진(2001)은 웹 기반 온라인 토론이 학생에게 수학적 의사소통으로서의 상호작용과 문제 해결에 어떤 영향을 주고 있으며, 웹 기반 온라인 토론이 교실에서의 의사소통에 어떻게 작용하는지 알아보기 위하여 중학교 1학년 5개 반에 대하여 수학 홈페이지에서의 학생들의 상호작용을 분석하였고, 한광현과 김미량(2002)은 초등학교에서의 학생들의 상호작용을 촉진시키기 위한 사이버 학급 커뮤니티의 관찰과 분석을 통해 사이버 커뮤니티의 교육적 활용 방안을 제시하였다. 그들은 학생들의 상호작용 유형을 분석하기 위하여 Rafaeli(1988)의 상호작용 커뮤니케이션 모델을 활용하였다.

내용 분석에 관련된 연구로 Hara 등(2000)은 대학생들의 교육심리학 수업에서 실시한 온라인 토론에 대한 분석을 실시하였다. 그는 온라인 토론을 수업에 이용할 때 '제시자-정리자 방법(starter-wrapper technique)'을 사용하였다. 이는 지정된 한 사람(starter)이 토론 주제를 제시하면 이에 대해서 다른 참여자들이 토론을 진행하고, 토론 과정이 끝난 이후에는 제시자가 아닌 지정된 또 다른 한 사람(wrapper)이 토론 내용을 정리하는 역할을 담당하는 방법이다. 여기의 정리자(wrapper)의 역할은 탐구토론대회에서 평론이 갖는 역할과 일맥상통한다고 볼 수 있다. 또한 Henri(1992)의 메시지 분석 모델을 사용하여 다양한 정량적인 측정을 하였다. 그들은 학생들의 참여율, 온라인 상호작용 유형, 사회적인 큐(cues), 인지적/메타 인지적 요소, 깊이 등과 같은 다섯 가지 변수들이 고려되었다.

이전에 있어 왔던 많은 연구들은 정량적인 분석만을 다루고 있는데, 정성적인 방법에 대한 요구(Iseke-Barnes, 1996; Riel, 1990; Romiszowski & Mason, 1996)도 있어 왔다. Hara 등(2000)은 이런 요구에 부응하고자 정량적인 분석과 정성적인 분석을 병행하여 사용하였다. Henri(1992)는 상호작용을 '정보의 전달-반응-답변'과 같은 일차원적(linear) 개념을 사용하였는데, Hara 등(2000)의 연구에서는 이보다 복잡한 형태의 상호작용 패턴이 나타났다. 그런데 Hara 등(2000)의 연구에서는 학생들이 주1회 정도밖에 글을 올리지 않았기 때문에 일방적인 형태(one-way)의 상호작용이 주를 이루고 있다. 또한 상호작용의 형태는 명시적(explicit) 상호작용과 암묵적(implicit) 상호작용이 있는데, Hara 등(2000)의 연구에서는 초기에는 암묵적 상호작용이 많이 보이다가 점점 명시적 상호작용이 빈번하게 나타나는 것을 보였다.

(2) 온라인 토론에 영향을 미치는 변인에 대한 연구

온라인 토론을 활성화하기 위하여 많은 연구자들이 노력을 하였는데, 그중에서도 온라인 토론에 영향을 끼치는 변인이 무엇이 있으며, 또 어떠한 관련성을 갖고 있는지에 대하여 중점적으로 연구를 수행하였다(김세연, 2002; 류수영과 강오한, 2001; 박인우, 1998; 박호용, 2000; 이인숙, 1998; 이지은, 2002; 임규연, 1999; 임정훈, 1999, 1999b; 정재삼과 임규연, 2000).

박인우(1998)는 실제 대학교육의 수준을 향상시키는 데 있어서 온라인 가상 토론이 어떻게 활용될 수 있는가를 학습자의 성격 유형에서 찾기 위하여 내향성 / 외향성의 비동시적 가상 토론에 대한 영향을 알아보았다. 대학생 1학년 27명을 대상으로 12일간 실시된 가상 토론을 통하여 그는 비동시적 가상 토론에서 내양성은 외향성에 비해 동일한 참여시간을 보인 반면, 보다 많은 견해를 제시하였다고 밝혔다. 그러나 내향성은 외향성에 비해 가상 토론의 특성 인지와 토론에 대한 기여도에 대한 인지에 있어서 차이를 보이지 않았다. 따라서 비동시적 가상 토론이 내향성 / 외향성에 의해 영향을 받는다는 결론을 내릴 수 없다고 하였다.

이인숙(1988)은 온라인 토론에서 학습자의 참여에 미치는 변인 및 그 변인들의 구체적인 영향을 규명하기 위한 질적 사례 연구를 수행하였다. 학습자들은 면대면 수업과 통합된 온라인 토론 운영에 상당히 긍정적인 반면, 교수적인 중재가 없는 온라인 토론은 초점 있고 공유된 대화를 유도하기 매우 어려운 것으로 나타났다. 또한 자신감은 학습자가 토론 과정에 참여하는 데 긍정적인 태도를 유지하는 데 중요한 요소이며, 이미 형성된 인간관계는 상당히 복잡하게 참여자들의 대화 유형에 영향을 미치는 것으로 나타났다.

웹 기반 온라인 토론에서 학습자의 참여도, 성취도 및 만족도에 영향을 미치는 요인에 대하여 알아보기 위한 임규연(1999), 정재삼과 임규연(2000)의 연구에서는 Henri(1992)의 분석 모델을 적용하였다. 그들은 비동시적 웹 기반 토론을 통하여 메시지 게시 횟수를 통하여 학습자의 참여도를, 게시된 메시지의 내용 및 성찰일지를 통하여 학습자의 성취도를, 토론에 대한 전반적인 만족도를 묻는 설문을 통하여 만족도를 분석하였다. 연구 결과, 학습자의 참여도를 예측하는 요인으로 외적 동기와 쓰기에 대한 태도, 교수자와의 상호작용을 지적하였고, 성취도는 참여도, 토론 주제에 대한 사전지식, 쓰기에 대한 태도를 지적하였다. 또한 만족도는 내적 동기, 토론주제의 관련성, 교수자와의 상호작용 정도, 물리적 환경, 참여도로 조사되었다. 각 차원별 메시지들의 질적 분석 결과, 참여도와 성취도가 높은 학습자의 글에서는 상호작용적 차원과 메타 인지적 차원의 의미가 상당수 포함되어 있었다.

임정훈(1999)은 웹 기반 가상수업에서 대인 간 상호작용을 증진시킬 수 있는 학습자들 간의 온라인 토론 활동을 촉진시키기 위하여 활용할 수 있는 구체적인 교수설계 전략을 제시하였다. 그는 온라인 토론 집단 구성 전략으로 첫째, 대집단보다는 소집단으로 토론 집단을 구성하되, 다양한 사람들의 토론 글을 참조할 수 있는 방안을 모색하고, 둘째, 학습자 특성에 따라 토론 집단을 구성하되, 가급적이면 이질적으로 구성하라고 하였다. 협동학습의 교수-학습 구조 활용전략으로는 첫째, 협동학습 구조를 통해 집단 응집력을 강화시키고, 둘째 집단의 성과에 대한 평가 시 협동보상 구조를 활용하도록 충고하였다. 또한 동기유발 전략으로는 첫째, 목표 지향적 주제와 의견 제시형 주제를 적절히 제시하고, 둘째, 가능하다면 다양한 상호작용 도구를 활용한 토론이 이루어질 수 있도록 하고, 셋째, 온라인 토론의 토론 방식에 변화를 주고, 넷째, 토론 집단 간에 경쟁이 일어날 수 있도록 유도하라고 하였다. 마지막으로 팀 활동 촉진 전략으로는 첫째, 팀의 구성원들이 소속감을 느끼고 함께 협력적으로 활동할 수 있는 메시지를 지속적으로 제공하고, 둘째, 토론을 이끌어 갈 수 있을 팀장을 선정·활용하며, 셋째로 팀의 과제 지향적 토론과 대인 관계적 토론 활동을 힘께 촉진시기는 것을 중요하게 생각하였다.

온라인 토론의 참여도와 문제 해결 성과에 영향을 끼치는 요인과 상호 관련성을 분석한 연구로는 임정훈(1999b)의 연구가 있다. 그는 웹 기반 학습 환경에서 학습자의 외향성 / 내향성 성격 유형에 따른 집단 구성 방식, 운영자의 과제 지향적·동기 유발적 토론 촉진 전략, 집단 간 경쟁유도 전략과 같은 소집단 협동학습 전략이 온라인 토론의 참여도와 문제 해결 성과에 어떤 영향을 끼치는지 조사하였다. 임정훈은 연구의 결과로 웹 기반 문제 해결학습 환경에서 외향성 / 내향성 성격 유형에 따른 이질적 집단구성 방식과 운영자의 과제 지향적 토론촉진 전략은 온라인 토론 참여도와 문제 해결 성과 향상에 긍정적인 영향을 미치며, 특히 외향적 집단과 외향성 / 내향성 혼합집단에게는 과제 지향적 촉진전략이, 내향적 집단에게는 동기 유발적 촉진전략이 토론 참여도 증진을 위해 상대적으로 유리하다고 결론지었다. 그리고 교수자가 토론 과정에서 어떻게 학습자의 참여를 촉진하느냐에 따라 온라인 토론의 효과가 달라지기 때문에 토론의 전 과정에 걸쳐서 교수자의 안내자 및 촉진자로서의 역할이 강조되고 있다.

박호용(2000)은 중학교 3학년 학생 15명의 웹 기반 온라인 토론을 실시한 후, Henri(1992)의 메시지 분석 모델에 의해서 분석을 하여, 웹 기반 온라인 토론에서 중재자의 과제 중심적 역할 유형과 사회성 촉진적 역할 유형, 두 유형의 복합 형태인 과제 중심 및 사회성 촉진성 역할 유형이 토론 내용에 미치는 영향을 알아보았다. 연구 결과, 웹 기반 토론에서 중재자의 역할 유형은 토론 내용의 상호 의존성과 과제 관련성에는 의미 있는 영향을 미치지 못했지만, 토론 내용의 총 의미단위 수에 의미 있는 영향을 미친 것을 알 수 있다. 특히 토론 내용의 의미단위 수에서 중재자의 과제 중심 및 사회성 촉진성 역할 유형이 가장 긍정적인 영향을 미쳤기 때문에, 온라인 토론을 활발하게 촉진시키기 위해서 중재자의 과제 중심 및 사회성 촉진성 역할이 가장 효과적일 수 있다고 하였다.

류수영과 강오한(2001)은 웹 기반 실시간 토론에서 학습자 성격 유형에 따른 집단구성 방식이 토론 내용에 어떤 영향을 미치는지 알아보았다. 그들은 Henri(1992)의 메시지 분석 모델을 토대로 작성한 지표를 기준으로 각 차원별 의미단위로 분석을 하였는데, 사회적 차원과 상호작용적 차원을 토론 내용의 상호 의존성으로, 인지적 차원과 메타 인지적 차원을 토론 내용의 과제 관련성으로 범주화하였다. 그들은 연구 결과 이질적으로 구성된 내향성 / 외향성 혼합집단이 토론 내용의 총 의미단위 수, 상호 의존성, 과제 관련성 모두에서 가장 긍정적인 영향을 미쳤다고 지적하였다.

김세연(2002)은 온라인 토론에서 교사의 피드백이 학생들의 참여도, 학업 성취도, 만족도에 미치는 효과를 연구하여, 온라인 토론에서 칭찬과 격려의 내용을 담은 교사의 피드백은 학생들의 토론 참여 및 활발한 의사교환을 유도할 수 있는 효과적인 전략이 될 수 있다는 점을 확인하였다. 또한 교사의 피드백이 학업 성취도 및 만족도에 긍정적인 영향을 미치기 위해서는 교사의 피드백이 칭찬과 격려뿐만 아니라 학습에 직접 관련된 피드백 내용을 포함해야 한다고 지적하였다.

이지은(2002)은 웹 기반 원격연수에서 학습자의 경향을 학습에 적극적으로 활용하기 위해 필요한 메커니즘인 반성적 사고를 활성화시키기 위한 교수-학습 활동이 학습자들의 학업 성취도와 수업매력성과 어떠한 관련성을 갖는지 알아보는 연구를 시도하였다. 특히 교수-학습 활동인 온라인 토론과 성찰일지의 활용도에 따라 학업 성취도에 유의미한 차이가 있음을 밝혔다.

(3) 온라인 토론과 면대면 토론과의 비교 연구

많은 연구자들(Ocker & Yaverbaum, 1999; Althaus, 1997)은 온라인 토론을 면대면 토론과 병행하여 실시하여 온라인 토론이 갖는 장단점을 찾는 연구를 수행하였다.

Althaus(1997)는 온라인 토론수업이 전통적인 수업 환경을 강화시킬 수 있는지에 대하여 연구하기 위하여 142명의 대학생들의 사회학 수업에 대하여 면대면 토론과 온라인 토론을 병행한 연구를 수행하였다. 온라인 토론에 참여한 학생들은 면대면 토론에도 적극적으로 참여하였고, 면대면 토론에만 참여한 학생들보다 더 높은 성취도를 보였다. 그는 학생들의 참여 형태를 비참여(non-participants), 부분참여(partial participants), 완전참여(full participants)로 구분하였다. 그는 학생들의 성취도가 높다는 것만으로 온라인 토론이 면대면 토론보다 더 우월하다고 말할 수는 없다고 하면서, 온라인 토론에 참여한 학생들이 면대면 토론에 더 적극적으로 참여하고 더 학업의지가 높아신다는 것을 통하여 온라인 토론의 가능성을 지적하였다.

온라인 토론이 교육에 활용된 것은 상당한 시간이 지났음에도 불구하고 이에 대한 비교연구가 부족함을 인지하여, Ocker와 Yaverbaum(1999)은 협동학습에서 온라인 토론이 면대면 토론에 비해서 어떠한 장점을 가지고 있는지에 대하여 연구하였다. 연구 결과, 학생들은 비동기화된 온라인 토론은 면대면 토론에 비해서 학습, 결과물의 내용과 질, 결과물에 대한 만족도 면에서는 더욱 효과적이라고 하였으나, 학생들은 그룹 간 상호작용 과정이나 그룹 토론의 질적인 면과 같은 비동기화된 온라인 학습 경험에서는 만족하지 못하는 것으로 나타났다.

또한 Hiltz(Hiltz, 1986, 1988, 1994, Hiltz and Wellman, 1997)는 여러 해 동안 연구를 통하여 면대면 토론과 비동기화된 온라인 토론 수업을 받는 학생들 사이에 성적 차가 없다는 결과를 얻었다. 또한 어떤 연구(Benbunan-Fich & Hiltz, 1999)에서는 협동학습에 대한 인지(perceptions of collaborative learning)에도 차이가 없다고 하였다. 그런데 Althaus(1997)는 면대면 토론만을 한 학생들에 비해서 온라인 토론을 병행한 학생들의 성적이 오히려 좋았다고 연구 결과를 발표하기도 하였다.

또 컴퓨터를 통한 토론은 면대면 토론으로 할 때에 비해서 그룹 상호작용의 과정이 덜 만족스러울 것이라고 말하기도 하고(Fjermestad & Hiltz, 1999), 비인격화의 문제나 논쟁의 초점이 흐려지는 것에 대해서 만족도 면에서 낮아진다고 하였다(Straus & McGrath, 1994). 또한 교육적인 영역(educational realm) 안에서 면대면 토론이 온라인 토론에 비해서 더욱더 만족스럽다는 연구(Benbunan-Fich, 1997; Warkentin 등, 1997)도 있다. Benbunan-Fich와 Hiltz(1999)는 토론의 인지도(perceptions of discussion) 면에서 온라인 토론보다 면대면 토론 쪽에서 더 높다고 지적하였다.

(4) 학습자 간 토론에 대한 연구

대부분의 연구는 일반적으로 교사와 학생 간에 이루어진 온라인 토론에 대한 연구인 데 반하여 Hoadley와 Linn(2000)은 학생들 간의 토론이 중요하다는 데 인식을 하고 SpeakEasy라는 온라인 비동기화 토론 방식을 사용하였다. 물체가 띠는 색이 광원에 따라서 어떻게 보이는지에 대한 뉴턴과 케플러의 역사적인 논쟁의 형태가 큰 효과를 보이는 것으로 밝혀졌는데, 이는 대치되는 견해에 대해서 학생들은 더 기억하기 쉽고, 논쟁 방식이 여러 의견들을 구별하는 데 더 좋기 때문이다.

온라인 토론에 사용되는 주제로서 Hsi(1997)는 실제적인 과학적 문제를 도입할 때 학생들이 더욱 잘 반응한다고 하였다. 또한 학생들이 이질적인 생각을 갖고 있을 때 질문이나 답변에 더욱더 적극적이라는 연구도 있었다(Webb, 1995). 또한 Hsi(1997)는 잘 설계된 비동기화된 온라인 토론이 더 많은 학생들을 참여시킬 수 있고, 남자와 여자들도 차이 없이 참여하게 할 수 있다고 하였는데, Hoadley와 Linn(2000)의 연구에서는 오히려 여학생들이 남학생보다 더 높은 참여 정도를 나타내기도 하였다.

Hoadley와 Linn(2000)은 온라인 토론에서 가장 좋은 점이 바로 다른 사람들의 의견을 쉽게 들을 수 있다는 것이라고 지적하였는데, 이것은 Hsi(1997)의 연구에서 학생들이 과학 수업에서 동료 학생들이 과학주제에 대하여 다양한 의견을 가지고 있다는 데 놀라움을 나타낸 언급에 대하여 큰 의미를 더하는 것이다.

Hsi(1997)는 학생들이 비실명으로 온라인 토론에 참여하게 하는 설계결정도 학생들의 참여 정도에 큰 영향을 끼치고, 학생들은 더 긴 의견을 내세우며 다양한 증거로 자신의 주장을 뒷받침한다고 밝혔다.

Rourke와 Anderson(2002)은 대학원 수준의 학생을 대상으로 수행한 온라인 토론에서 4명의 학생들을 하나의 팀으로 구성하였는데 학생들이 다양한 역할 수행을 충실히 수행하며 선호도 면에서도 우수한 것으로 나타났다. 이것은 Tagg(1994; Rourke & Anderson, 2002에서 재인용)의 연구와도 일치하는 것으로 현재 연구의 대상이 된 학생들은 동료에 의해서 이끌려진 토론이 더욱더 구조화되고 더욱 유동적이라고 이야기했다. 또한 의견에 대한 반응도 더 잘되었으며, 더욱 재미있었다고 답하였다.

(5) 온라인 토론에서 교사의 역할에 대한 연구

컴퓨터와 네트워크를 기반으로 하는 온라인 학습에서 학습자의 학습활동을 유지·관리하는 관리자의 역할은 매우 중요하다. Anderson 등(2001)은 온라인 학습 특히 온라인 토론에서 교사의 역할(presence)을 교수설계와 조직(Instructional design and organization), 토론 활성화(Facilitating Discourse), 직접 교수(Direct Instruction)의 세 가지로 정의하여 이에 대한 이론적 연구와 함께 대학원 수준의 온라인 수업에서 발견되는 교사의 역할이 나타나는 모습을 알아보았다. 전통적인 수업에서 교사는 어떤 책임을 갖고 중요한 역할을 수행하도록 기대한다. 온라인 수업(토론)에서 교사는 중간자적인 역할을 하지만, 학생들에게 어떤 목적을 갖고 수업에 참여하도록 독려하는 것은 교사의 의무이다.

온라인 토론에서 교사의 역할에 대하여 많은 시사점을 주는 연구는 Anderson 등(2001)에 의해서 이루어졌다. 그들은 온라인 토론에서 다양한 역할에 대한 분류를 통해서 교사의 역할을 제시하였는데 이들의 연구는 다른 사람들에 의해 수행되었던 연구들과 연결될 수 있다. 우선 Berge(1995)는 온라인 운영자(moderator)의 역할을 4가지로 분류하였다. 그는 다른 사람들과는 다르게 기술적인 지원에 대한 역할을 포함하였다. 기술적인 역할은 온라인 토론을 설계하고 운영하는 교사에게는 아주 필수적이지만 상당히 시간과 노력을 많이 요구하는 부분이다. 물론 온라인 수업이 활성화되지 못한 예전에 비해서 최근에는 인프라의 발달과 학생들의 숙련도가 많이 향상되었고, 온라인 수업이 활성화되어 있는 가상대학과 같은 곳에서는 설계 자체에 대한 기술적인 부분을 전문가가 지원해 주고 있어 이전보다는 기술적인 부분에 대한 역할은 점차로 줄어들고 있다.

[표 6] 온라인 토론에서 교사 역할의 모델

연구자	Anderson et al. (2001)	Berge (1995)	Paulsen (1995)	Mason (1991)
범 주	교수설계와 조직	관리적	조직적	조직적
	토론 활성화	사회적	사회적	사회적
	직접 교수	교육학적	지적	지적
		기술적		

Paulsen(1995)과 Mason(1991)은 온라인 수업에서 운영자의 역할을 '조직적, 사회적, 지적'의 세 가지 카테고리로 분류하였다. Anderson 등(2001)은 교수설계와 조직, 토론활성화, 직접 교수의 세 가지 카테고리로 구분하였는데, 그들이 나눈 분류는 Paulsen과 Mason의 분류법에서 사회적 차원에서 차이를 보이고 있다. 그들이 사회적 차원을 축소화한 것은 그 중요성을 간과해서가 아니라 오히려 그 중요성을 인식하여 교사의 태도부분에서 따로 떼어 사회적 태도(social presence)로 삼고 있다. 이는 다른 연구에서도 나타나 있다. 사회적 차원을 따로 떼어놓은 이유는 사회적 태도에서 교사의 역할도 중요하지만 학생들의 역할도 무시하지 못할 정도로 중요하기 때문이었다. 따라서 그들은 사회적 차원 중에서 학생들을 온라인 학습에 잘 참여할 수 있도록 장려하는 활동 등이 교사의 역할이라고 생각하였다. 그리고 세 번째 차원으로 Anderson 등은 '직접 교수'를 고려하였는데, 이것은 Berge(1995)의 '교육학적(pedagogical)'이나 Paulsen과 Mason의 '지적' 영역에 비해 직접적으로 가르치는 부분을 포함한 내용이다.

Anderson 등(2001)의 연구에서 교사의 역할로 지적한 첫 번째 교수 설계와 조직은 토론에 적합한 주제를 선정하고, 특정한 토론 전략을 실행하고, 참여 가능성을 확립하는 것과 같은 책임을 포함한다. 두 번째 역할인 토론 활성화의 역할은 참여자들을 토론으로 이끌고 일치와 불일치의 영역을 확실히 하고, 학습하는 분위기를 세우는 것과 같은 책임을 포함한다. 세 번째인 직접 교수의 역할은 내용을 제시하고 오개념의 원인을 규명하고, 평가와 피드백을 제공하는 것과 같은 책임을 포함한다. 이러한 책임들 각각에 주의를 기울이는 것은 복잡하면서도 시간을 많이 소모하는 일이다. 그러나 각각의 역할들은 학생들의 학습 경험에 있어 토론이 기여하는 것을 확인하기 위해서는 필요하다.

(6) 온라인 토론을 시각적으로 분석하는 방법에 대한 연구

온라인 토론을 분석하는 방법으로 이전의 정량적인 방법에서 벗어나 정성적인 방법도 많이 연구가 되고 있다. 특히 시각적으로 온라인 토론을 보여주는 연구도 같이 진행되고 있는데, Hara(2000)는 Henri(1992)의 모델에서 제시한 5가지 범주 중에서 사회적, 인지적, 메타 인지적 범주를 선택하여 데이터를 시각적으로 보여주는 방법으로써 FCA(formal concept analysis)를 사용하여 세 범주들 사이의 관계를 분석하였다. 이 방법(FCA)은 이전에 다른 내용 분석과는 달리 온라인 토론에서 나타나는 정성적인 데이터를 분석하는 과학적이고 체계적인 방법을 제공해 줄 수 있다. 그러나 이 방법은 이전의 연구에서 결과로 제시되는 정량적인 데이터에서 벗어나 새로운 방법을 제시하여 준다는 장점이 있지만, 실제로 범주화된 데이터를 그림으로 나타내는 정도에 머물러 있고, 또 그림 자체가 복잡해지기 때문에 3개 이상의 범주 간의 관계를 보여주는 데는 한계를 나타내고 있어 단지 단순한 관계만을 보여줄 수밖에 없다는 한계를 드러내고 있다.

Blake와 Rapanotti(2001)는 협동학습과 병행한 온라인 토론을 실시한 후, 작성된 메시지를 하나의 의미를 지닌 진술단위로 나누어 시간의 진행으로 나열한 후 질문, 답변, 동의, 불일치에 따라 화살표로 연결한 그림으로 '상호작용 지도(Interaction Map)'와 같이 표현함으로써 학생들의 상호작용 과정을 분석하였다.

그들은 온라인 토론을 분석할 때 내용의존성(content-dependent) 표현에 대한 표준도구가 없어 이를 위하여 방향성이 있는 그래프의 형태로 온라인 토론을 시각적으로 표현하는 '온라인 토론 상호작용 지도(con-ference interaction map)'를 [그림 47]과 같이 작성하였다.

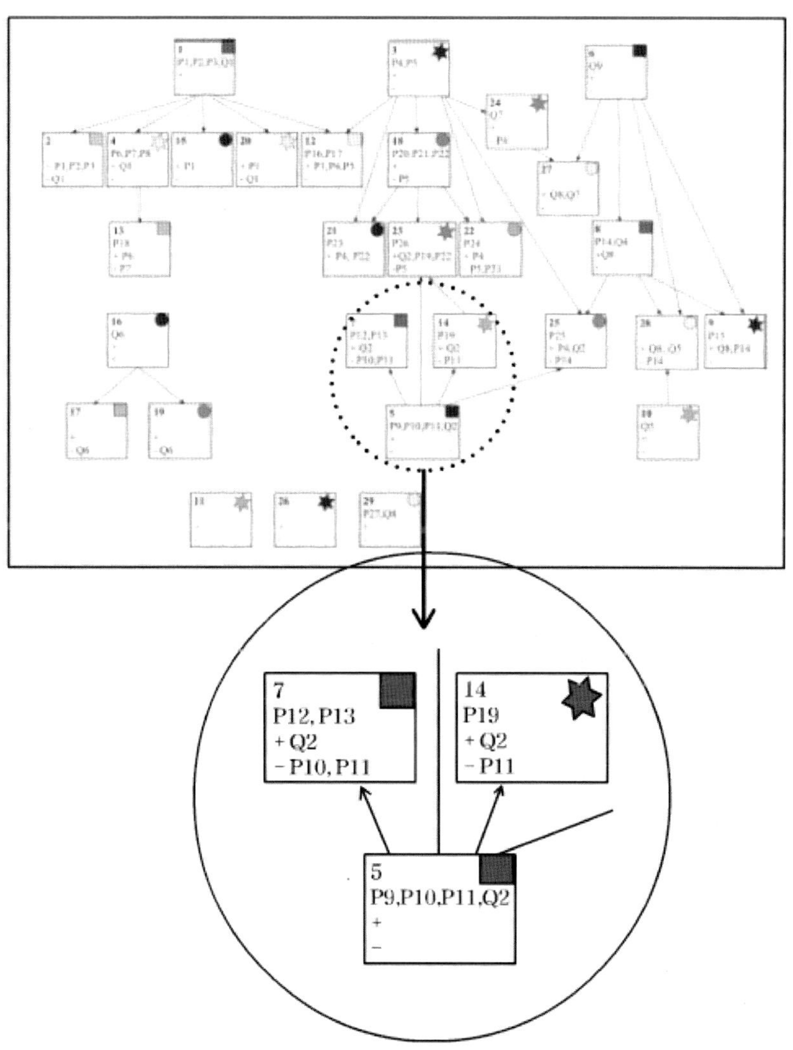

[그림 47] 온라인 토론 상호작용 지도(Blake와 Rapanotti, 2001)

여기서 노드(node)는 시간 진행(time progression), 발신자 확인(sender

identity), 제안과 질문(propositions and queries), 일치와 불일치(agreement and disagreement)의 의미를 표기할 수 있다. 즉, '시간 진행'에 대해서는, 노드는 완전하게 메시지가 작성된 시간순으로 정리되는 것을 의미하고, '발신자 확인'에 대해서는, 동일한 사람으로부터 진술된 메시지는 동일한 노드의 모양(색)으로 표기하는 것을 의미하고, '제안과 질문'에 대해서는, 각각의 노드가 메시지에 포함된 기여를 지칭하는 일련의 라벨로 표기되어 있음을 나타내고, '일치와 불일치'는, 각각의 노드는 메시지들이 이전의 글에 대해서 일치(+)하는 것인지, 불일치(−)하는 것인지를 나타내주는 것을 의미한다.

이러한 시각적인 표현은 이전의 연구 방법에서 제시되는 통계표가 알려주는 것 이상을 보여준다. 우선 노드들은 화살표로 연결되기 때문에 이를 통하여 같은 주제로 이야기되는 토론 글들을 쉽게 확인할 수 있고, 이 화살표를 따라가면서 토론이 진행되는 것을 볼 수 있다. 둘째, 동일한 노드로부터 출발한 화살표의 끝에 있는 노드와 그 내용을 살펴봄으로써, 토론 참여자들로부터 많은 수의 반응을 일으키는 글들을 확인하는 것이 가능해진다. 셋째로, 노드들은 글을 적은 사람들을 구분하기 위하여 색으로 구별되어 나타내지기 때문에 토론 참여자들이 토론에 얼마나 폭넓고 영향력 있게 참여하는지 쉽게 알 수 있다.

또 차정호(2003)는 예비교사 32명을 대상으로 실시한 온라인 토론의 메시지를 분석하였다. 분석 모델로 Gunawardena 등(1997)의 상호작용 분석 모델을 사용하였고, Blake와 Rapanoti(2001)의 상호작용 지도(interaction map)도 작성하였다. 메시지 분석 결과, '정보 공유' 차원의 메시지들이 가장 많았고, '불일치의 발견과 공동의 의미를 구성'하려는 시도들도 활발하게 이루어졌다. 그러나 '새롭게 구성된 지식을 평가하고, 적용'하려는 메시지는 상대적으로 많지 않았다. 과학 지식의 본성에 대한 토론 내용으로 상호작용 지도를 작성한 결과, 학생들의 토론이 불일치의 확인 수준에 머무르고 있음을 알 수 있었다.

이 밖에 온라인 토론 시스템에 관련하여 박종오와 김성식(2001)은 웹 기반 토론 수업을 할 때의 고려 점에 대하여 알아보고, 사용되는 자원 시스템을 개발할 때 고려할 요소와 개방 방안 등에 대한 연구를 하였다. 그들은 온라인 토론 시스템 개발 시 토론 도구 및 방식, 구성원 구분에 따른 고려 사항, 토론 방식에 따른 고려 사항 등과 같은 토론 과정상의 고려 사항과 내용별 토론 평가 요소, 대상별 토론 평가 요소 등과 같은 토론 평가를 위한 고려 사항을 제시하였다.

또한 석수송(2001)은 웹 기반 가상 토론에서 남녀 학습자들이 주고받는 메시지가 상호작용적, 인지적, 메타 인지적 유형에서 어떤 차이가 있는가를 알아보았다. 그의 연구에서는 메시지 분석에 가장 많이 사용되는 Henri(1992)의 분석적 모델의 5가지 유형 중 상호작용적, 인지적, 메타 인지적 유형을 근거로 하되, Henri의 분석적 모델이 가상공간에서 학습 공동체의 구성원이 지식구성을 위해 상호 작용하는 내용을 미리 설정한 분석의 지표 틀을 가지고 범주화하여 상호작용의 다양한 역동적인 측면을 놓칠 수 있다는 판단하에, 지식이 형성되어 가는 과정을 중심으로 분석하는 Gunawardena 등(1997, 1998)의 상호작용 분석 모델을 보완적 근거로 삼았다. 연구 결과, 성별에 따라 상호작용적 메시지 유형의 빈도와 메타 인지적 메시지 유형의 빈도는 유의미한 차이기 없었으나, 인지적 메시지 유형의 경우에는 여자의 경우 더 빈도수가 높았다는 사실을 알아내었다. 이를 통하여 석수송은 웹 기반의 가상 토론을 학습의 과정으로 활용하고자 할 때에는 인지적 활동에 있어 남녀의 특성에 따라 제시되는 가상 토론의 환경이 달라져야 할 필요가 있다고 주장하였다.

온라인 토론은 최근 원격교육은 물론 회사에서도 많이 활용되고 있는데, 실제로 온라인 토론을 통하여 원하는 목적을 이루지 못하는 경우가 많다. 이에 대하여 Klemm(2000)은 온라인 토론에서 나타나는 문제점을 제시하였다. 그중 몇 가지만 살펴보면, 학생들은 토론의 목적을 확실히 이해하지 못하고, 소수의 학생들이 토론을 주도하고, 은닉자(lurker)가 발생하기 쉬우며, 교수자에게 너무 큰 부담이 된다는 점들인데, Klemm은 다른 문제점과 함께 이를 해결하기 위한 해결책도 제시하였다.

Ⅳ. 인터넷 활용 교수-학습 방법의 적용

1. 인터넷 학습몰

인터넷 학습몰은 인터넷의 신기술을 이용하여 인터넷 학습체제를 구현하는 하나의 방안으로 사용될 수 있다. CGI 프로그램을 통한 일괄 처리 및 자동화 기능 구현으로 학생들의 학습에 관한 정보 등을 쉽게 정리할 수 있으며, 상호작용에 관한 다양한 기법을 구현할 수 있다.

인터넷 학습체제는 자기 주도적 학습을 이루기 위해 온라인 학습을 주요 구성요소로 하고 있으므로, 여기에 전자상거래[10]의 개념을 도입하면 자동화된 학습 서비스를 제공할 수 있다.

---

10) 개인과 조직, 기관 등을 포함하는 모든 경제 주체들이 다양한 전자적 매체를 이용하여 경제적 가치를 지니고 있는 상품이나, 용역, 정보 등을 교환하고 이용하는 것을 의미한다. 최근에는 인터넷을 통한 '인터넷 전자상거래(Internet EC)'가 모든 전자상거래를 대변하게 되었는데, 이는 인터넷 홈페이지에서 가상상점을 개설하고 인터넷을 이용하여 상품의 유통과 관련 정보의 배포 및 수집에서부터 주문이나 납품, 대금 지불 등의 경제 활동을 수반하는 상거래를 의미한다.

1) 인터넷 학습몰의 특징

인터넷 학습몰은 다음과 같은 특징으로 인터넷 학습체제에 적용될 수 있다.

① 의사소통의 단계를 줄일 수 있다.

인터넷 학습체제에서 교사와 학생 간의 의사소통의 단계를 줄이는 데 활용할 수 있다. 학생이 교사에게 어떤 학습 자료를 요구할 경우 교사는 학생의 그러한 요청을 확인한 후 학생에게 메일로 파일을 첨부하여 보내는 것이 일반적인 경우지만, 학습몰을 도입하면 학생이 직접 학습 자료를 선택하여 받을 수 있고, 그 과정이 교사에게 자동으로 통보되어 그 학생의 학습 과정에 대한 정보를 얻을 수 있다.

② 공간과 시간의 제한이 사라진다.

학습몰이 인터넷이라는 가상의 공간에 위치하므로 지역과 시간에 구애받지 않는데 이는 인터넷 학습체제의 온라인 학습의 기본 기능이다.

③ 적극적인 학습 자료 홍보가 가능하다.

학생에게 학습 자료에 대한 효과적인 안내와 학습 자료에 대한 학생들의 선호도 여부 등을 자동 통계로 알 수 있어 교사가 학습 설계를 하는 데 유용하게 활용할 수 있다.

④ 학생의 요구에 즉각적인 대응을 할 수 있다.

인터넷 학습몰에서는 학습 자료 선택 비율 등으로 학생의 반응을 파악할 수 있고, 전자우편을 통하여 요구를 빠르게 수용할 수 있다.

2) 인터넷 학습몰 구현 기술

인터넷 학습몰은 데이터베이스에 사용될 각종 테이블과 관리자 환경, 사용자 환경으로 구성된다.

[표 7] 인터넷 학습몰의 구성

항 목	내 용	
테이블	학생 정보 테이블(user_table) 학습 자료 정보 테이블(subject) 학습 자료 접속 테이블(sconnect) 학습 자료 단원 테이블(category) 학생의 학습 진척 테이블(lprocess)	
관리자	학습 환경 보기	학생 정보 단원명 학습 자료 학습 자료 접속 현황 학습 진척 현황
	학습 자료 검색	학습 자료 검색
	학습 자료 관리	단원명 등록 학습 자료 등록
사용자	학생 인증 학생 등록 학습 자료 선택 학습 자료 다운로드 학습 자료에 대한 안내문	

(1) RDBMS로 데이터베이스 생성

인터넷 학습몰은 데이터베이스의 사용이 필수적이다. 데이터베이스는 '특정 순서대로 정리된 정보의 집합'으로 필드(field)와 레코드(record)로 구성된다. 이름과 전화번호로 구성된 데이터베이스를 생각해 보면 '이름', '전화번호'는 필드이고, '손정우, xxx-1234'가 레코드가 된다. 이와 같은 레코드가 여러 개로 구성된 것을 테이블(table)이라고 한다.

실제로 인터넷 학습몰은 다수의 테이블로 구성되며, 이들이 모여 하나의 데이터베이스를 구성한다. 테이블들은 그 안에 있는 우선 키(primary key)와 부차적인 키(secondary key) 등의 값들로 서로 연결된다. 이렇게 데이터베이스를 다수의 테이블로 나누고, 이들 간의 관계를 테이블로 구성하는 한 필드를 우선 키 값으로 사용하는 방식으로 구성된 데이터베이스를 관계형 데이터베이스라고 하며, 이를 관리하는 시스템을 RDBMS(Relational DataBase Management System)이라고 한다. 이 시스템은 테이블, 레코드, 필드, 색인(index), 질의어(query), 뷰(view)로 구성된다. 여기서 색인은 특별한 유형의 테이블로 데이터를 빨리 찾기 위하여 실제 테이블에서 레코드의 위치를 가리키는 포인터들과 키 값으로 구성된다. 질의어는 하나 이상의 테이블로부터 원하는 자료를 얻기 위해 사용되는 언어인 SQL(Structured Query Language) 문법에 따라 사용되는 명령어로, 원하는 조건으로 데이터들을 검색하고 그 결과를 얻을 수 있다.

(2) CGI 프로그램 제작 - 교사용

인터넷 학습몰을 관리하고, 사용자들이 편리하게 이용하기 위해서는 통합적인 교사용 관리 도구가 필요한데, 이 도구는 PHP를 비롯한 각종 언어들을 이용한 CGI 프로그램[11]으로 만들어지며, 데이터베이스에 접근하여 정보를 쉽게 웹에서 갱신할 수 있도록 할 수 있다.

---

11) Common Gate Interfce의 약자로, 외부의 응용프로그램과 웹 서버 간을 연결시켜주는 표준이다. 데이터가 클라이언트로부터 서버로 전달된 다음, 서버는 사용자로부터의 요청을 CGI 프로그램에 넘기고, CGI는 사용자 요구사항을 입력받아서 처리를 수행하고, 그 결과를 서버에 전달한다. 그리고 서버는 응용 프로그램의 수행 결과를 클라이언트 측에 전달하고 종료된다.

① 교사 로그인

교사 로그인 페이지는 로그인명과 패스워드를 입력하도록 구성되어
있다.

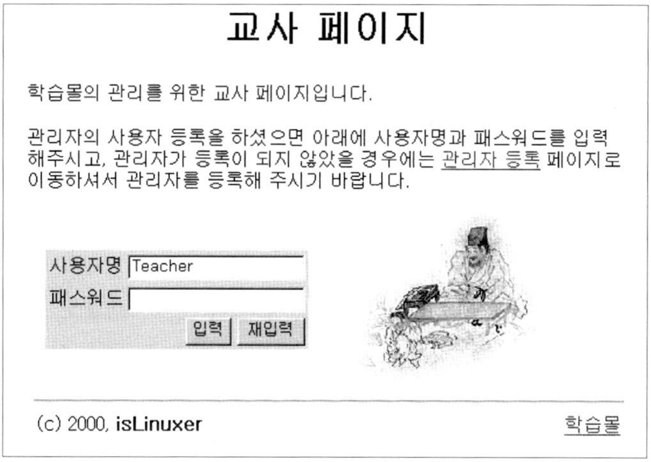

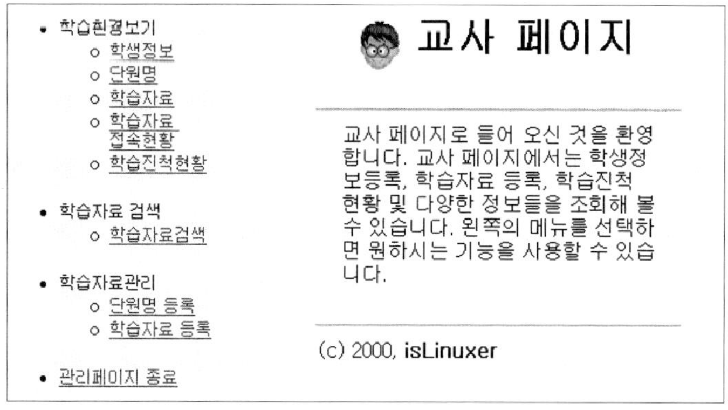

[그림 48] 교사 로그인

[그림 49] 교사 관리 페이지

또한 처음 접속하는 경우 교사 정보를 등록하지 않았다면 미등록 상
황을 알려주며, 교사 등록 페이지로 이동하도록 해준다.

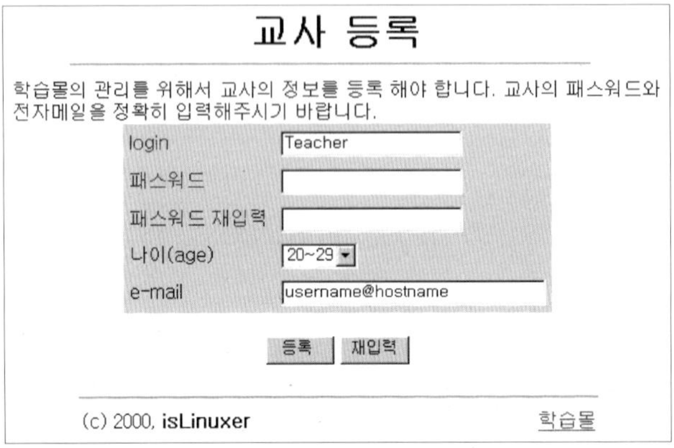

[그림 50] 교사 등록 페이지

② 학습 환경 보기

관리 메뉴에서 '학습 환경 보기'는 데이터베이스에 기록된 전체 내용을 보기 위해서 만들어진 메뉴이다. 이 메뉴는 네 가지의 부메뉴로 구성되며 다음과 같다.

- 학생 정보

학생 정보는 학생들의 등록 정보에서 패스워드를 제외하고, '로그인명', '이름', '나이', '전자우편' 정보를 표시해 준다.

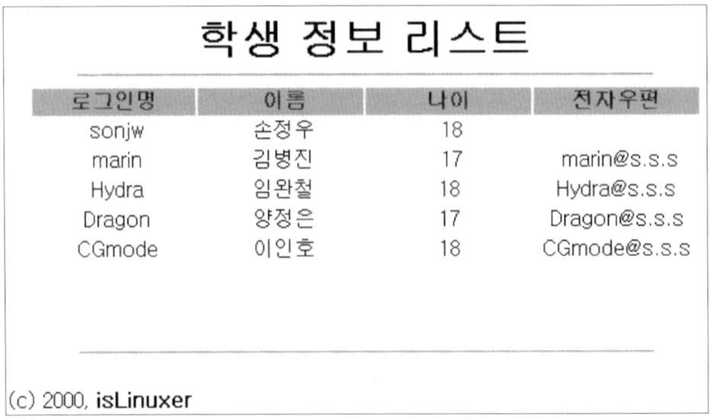
학생 정보 리스트

로그인명	이름	나이	전자우편
sonjw	손정우	18	
marin	김병진	17	marin@s.s.s
Hydra	임완철	18	Hydra@s.s.s
Dragon	양정은	17	Dragon@s.s.s
CGmode	이인호	18	CGmode@s.s.s

(c) 2000, isLinuxer

[그림 51] 학생 정보 보기

- 단원명

인터넷 학습몰에서 다루어지는 학습 자료에 대한 단원 내용을 보여
주기 위해 사용되며, 단원 분류를 위한 '단원명'과 '설명'이 제시된다.

단원명 리스트

단원명	설명
힘과 운동	운동의 법칙과 에너지 보존 법칙을 배운다.
전기와 자기	전기장과 자기장에 관한 공부를 할 수 있다.
빛과 파동	파동의 성질을 비롯한 거울과 렌즈에 대하여 공부한다.
현대 물리	광전효과와 원자의 구조에 대하여 이해하다.

(c) 2000, isLinuxer

[그림 52] 단원명 보기

- 학습 자료 정보

인터넷 학습몰에서 다루는 학습 자료들을 한꺼번에 살펴보기 위해
필요한 것으로 학습 자료마다 '주제번호', '단원명', '학습 자료 이름',
'작성자', '파일 업로드 날짜', '학습 자료 설명' 등의 정보가 제시된다.

학습자료 리스트

번호	단원명	학습자료명	저자명	등록한 날	설명
1	빛과 파동	파동의 중첩	손정우	2000-04-12	자바 시뮬레이션
2	빛과 파동	초점거리	손정우	2000-04-13	자바 시뮬레이션
3	힘과 운동	역학적에너지	차정호	2000-04-14	롤러코스터
4	힘과 운동	자유낙하	차정호	2000-04-14	평가문제

(c) 2000, isLinuxer

[그림 53] 학습 자료 정부 보기

• 학습 자료 접속 현황

인터넷 학습몰의 사용 정도를 확인하기 위해 각 학습 자료에 대한 접속 빈도수를 제시한다. 여기서 '학습 자료명', '다운로드 횟수'의 정보를 얻을 수 있다.

학습자료 접속 현황

학습자료명	다운로드 회수
파동의 중첩	12
초점거리	10
역학적에너지	5
자유낙하	6

(c) 2000, isLinuxer

[그림 54] 학습 자료 접속 현황

• 학습 진척 현황

학습 진척 현황

학생명	학습자료명	다운로드 날짜
손정우	파동의 중첩	2000-04-20
	초점거리	2000-04-20
	역학적에너지	2000-04-21
김병진	파동의 중첩	2000-04-20
	역학적에너지	2000-04-20
	자유낙하	2000-04-20
임완철	역학적에너지	2000-04-21
	자유낙하	2000-04-21
양정은	파동의 중첩	2000-04-21
	초점거리	2000-04-21
	역학적에너지	2000-04-21
이인호	파동의 중첩	2000-04-21
	초점거리	2000-04-21
	역학적에너지	2000-04-21

(c) 2000, isLinuxer

[그림 55] 학습 진척 현황

인터넷 학습몰을 사용하는 학생들의 학습 진행상황을 파악하기 위하여 각 학생마다 다운로드한 학습 자료에 대한 정보를 제시한다. 여기서 '학생명', '학습 자료명', '다운로드 날짜' 정보를 얻을 수 있다.

③ 학습 자료 검색

인터넷 학습몰에 사용되는 학습 자료를 검색하기 위한 것으로, 검색 가능한 항목은 '학습 자료명', '단원명', '저자명', '등록한 날짜'의 네 가지이다.

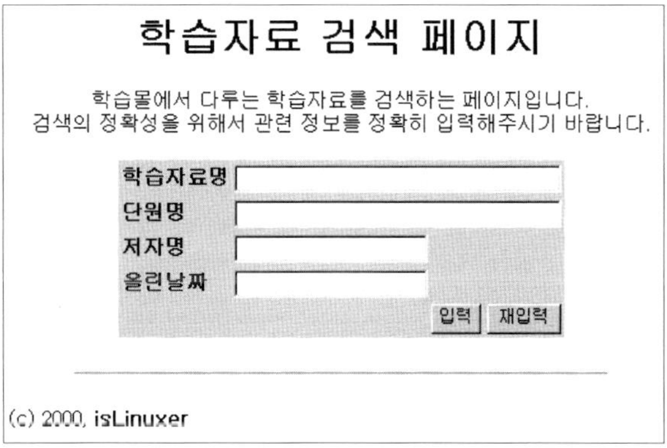

[그림 56] 학습 자료 검색 페이지

④ 학습 자료 관리

인터넷 학습몰에서 사용될 학습 자료에 대한 통합적인 관리를 위해서 사용되는 메뉴이다.

• 단원명 등록

학습 자료들을 단원별로 분류하기 위한 것으로 새로운 단원이 추가될 때마다 사용된다. 분류를 위해 입력할 내용은 '단원명'과 '단원에 대한 설명'이다.

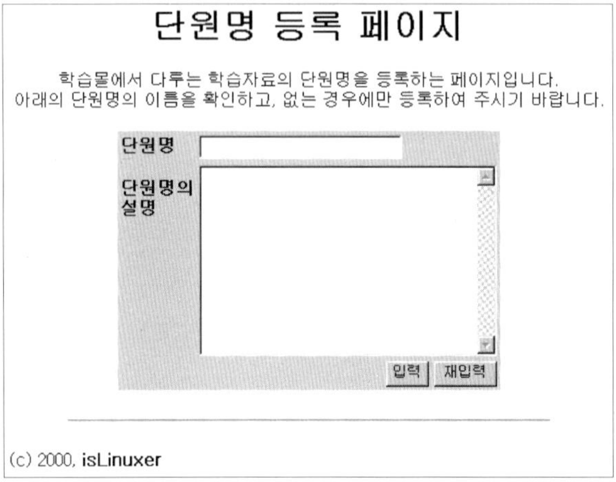

[그림 57] 학습 자료의 단원명 등록 페이지

- 학습 자료 등록

학습 자료의 등록은 학습 자료에 대한 다양한 정보를 입력해야 하는 데, '학습 자료명', '날짜', '작성자', '단원명', '설명' 등을 입력할 수 있는 HTML문서가 있어야 한다.

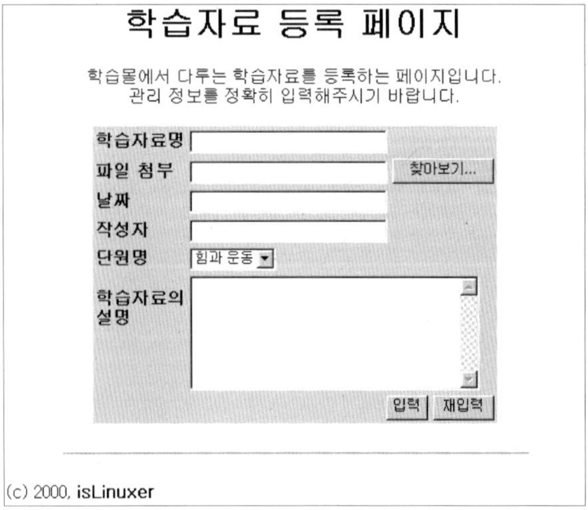

[그림 58] 학습 자료 등록 페이지

⑤ 교사 페이지 종료

관리를 위한 홈페이지에서 모든 처리가 완료되면, 접속을 유지하기 위해 사용되었던 쿠키 정보를 제거해야 한다.

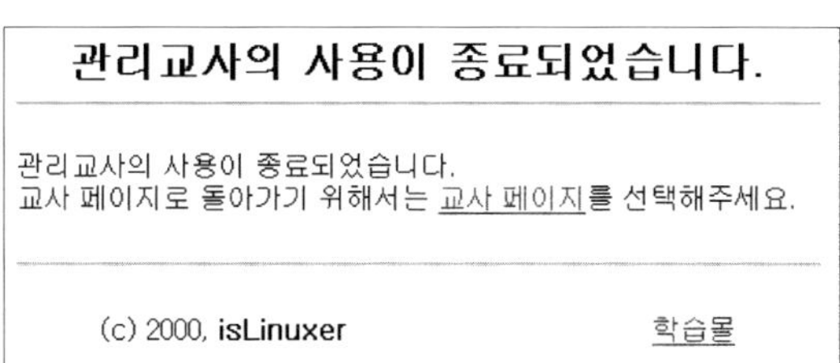

[그림 59] 교사 페이지 종료

(3) CGI 프로그램 제작 - 학생용

인터넷 학습몰을 이용하는 학생들이 거쳐야 하는 단계에 따라 각 기능들을 구현하기 위한 CGI 프로그램이 필요하다.

① 학생 인증

인터넷 학습몰의 첫 페이지로 학생 인증과 학생 등록을 힐 수 있게 한다. 그리고 인터넷 학습몰에 대한 설명과 교사에게 메일 보내기 기능이 구현되어야 한다. 인터넷 학습몰 홈페이지에서 '학습 자료방'으로 이동할 때 패스워드를 체크하여, 일치할 경우에만 이동이 가능하도록 하고, 학생의 로그인명과 선택한 학습 자료의 정보를 기록하기 위해 각각 learnibmall과 learnsub라는 쿠키명을 두 개 사용한다.

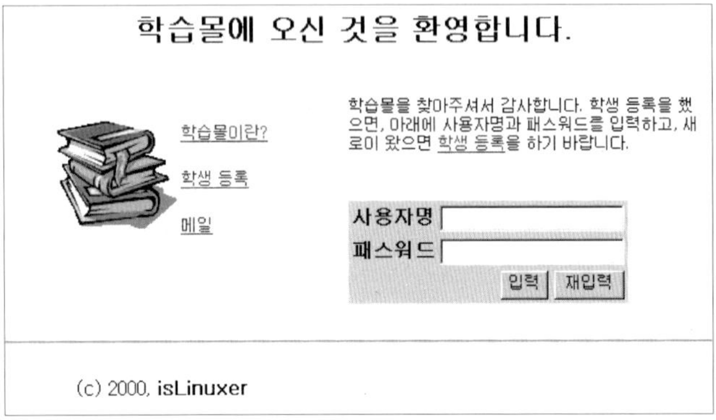

[그림 60] 인터넷 학습몰 홈페이지

② 학생 등록

학생 등록은 인터넷 학습몰을 이용할 새로운 학생의 로그인명, 패스워드 및 나이와 전자우편을 기입한다.

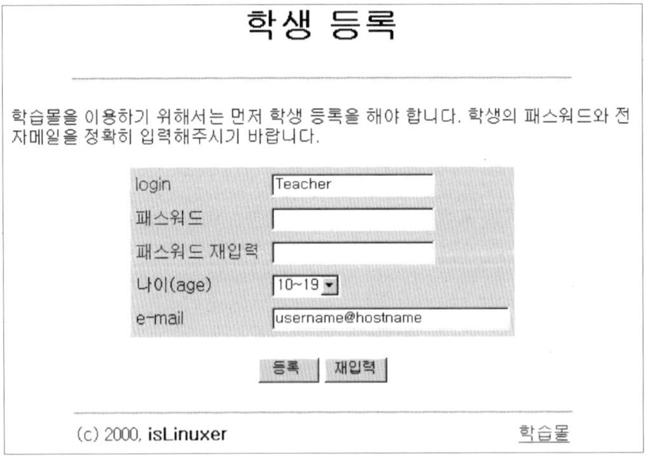

[그림 61] 학생 등록 페이지

③ 학습 자료 선택

학생 인증을 받은 후 '학습 자료방'으로 이동하면 각 단원별 해설이

제시되고, 해당 단원을 선택하면 학습 자료의 목록이 제시된다. 이것은
각 단원마다 별도의 스크립트 파일로 구현된다.

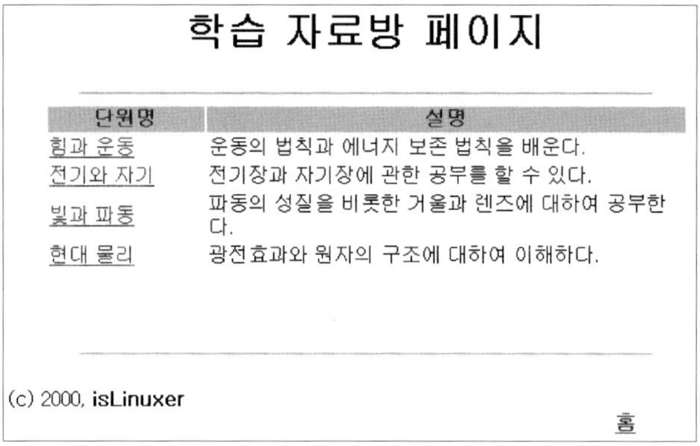

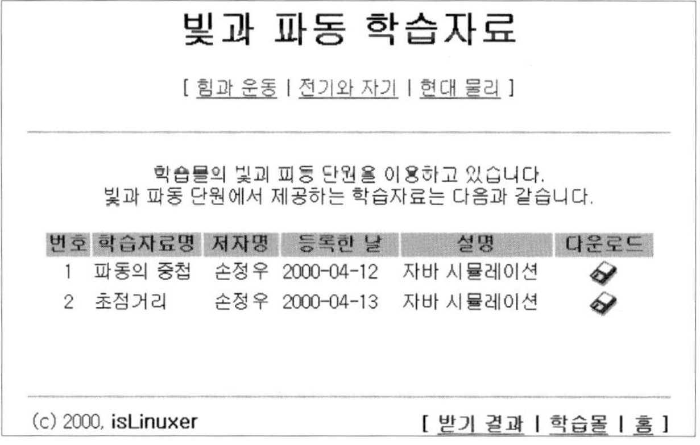

[그림 62] 학습 자료방 페이지

[그림 63] 단원별 학습 자료 페이지의 예

④ 학습 자료 다운로드

학습 자료 목록에서 '학습 자료 받기'를 선택하면, 다운로드 창이 열리면
서 다운로드가 시작되고, 그 선택 정보는 '받기 결과'에 저장된다. '받기 결
과' 링크를 선택하면, 학생이 다운로드받은 학습 자료의 목록이 제시된다.

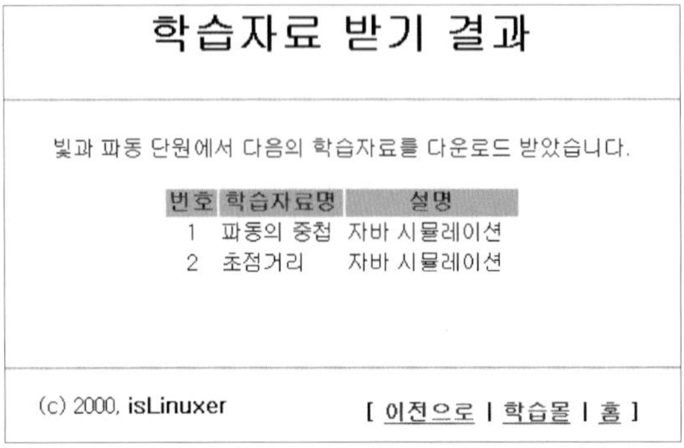

학습자료 받기 결과

빛과 파동 단원에서 다음의 학습자료를 다운로드 받았습니다.

번호	학습자료명	설명
1	파동의 중첩	자바 시뮬레이션
2	초점거리	자바 시뮬레이션

(c) 2000, isLinuxer   [이전으로 | 학습몰 | 홈]

[그림 64] 학습 자료 받기 결과

⑤ 학습 자료에 대한 안내문

인터넷 학습몰의 사용이 끝나면, 학생들이 선택한 학습 자료에 대한 안내가 교사에 의해 주어지는데, 이는 학습의 안내자로서의 역할을 하기 위한 것이다. 하지만 많은 학생들의 모든 경우를 일일이 대답할 수 없으므로 전자우편을 통한 자동 통보 시스템을 사용한다.

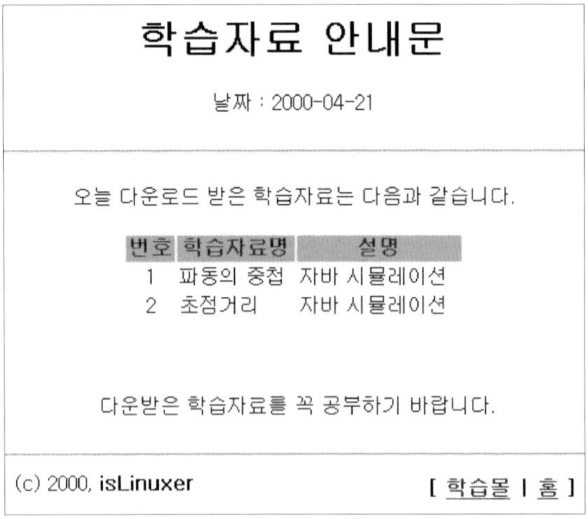

학습자료 안내문

날짜 : 2000-04-21

오늘 다운로드 받은 학습자료는 다음과 같습니다.

번호	학습자료명	설명
1	파동의 중첩	자바 시뮬레이션
2	초점거리	자바 시뮬레이션

다운받은 학습자료를 꼭 공부하기 바랍니다.

(c) 2000, isLinuxer   [학습몰 | 홈]

[그림 65] 학습 자료 안내문

3) 인터넷 학습몰 학습 모형

인터넷 학습몰은 시간과 공간에 대한 제약을 두지 않고 학습을 진행하는 구조로 이 학습 모형의 목표는 자기 주도적 학습이라고 할 수 있다.

학생들은 자신의 컴퓨터 앞에서 이루어지는 모든 행위에 대하여 책임을 지고 학습을 해나가게 된다. 그리고 그러한 정보는 모두 교사에게 알려져 이후 그 학생에 대한 개별학습의 기초 자료로 활용할 수 있다.

인터넷 학습몰을 통하여 학습을 하려면, 사용자 인증을 통하여 자신의 접속을 데이터베이스에 알리게 되고, 다음으로 자신이 학습하고자 하는 자료를 검색하여 선택한 후 다운로드받게 된다. 다운로드받은 시간과 파일명이 데이터베이스에 기록되고, 이때 선택한 자료에 대한 정보가 자동으로 학생에게 메일로 전달되어 학습 진행에 도움을 준다. 학생은 이 자료들을 가지고 학습에 임하게 된다.

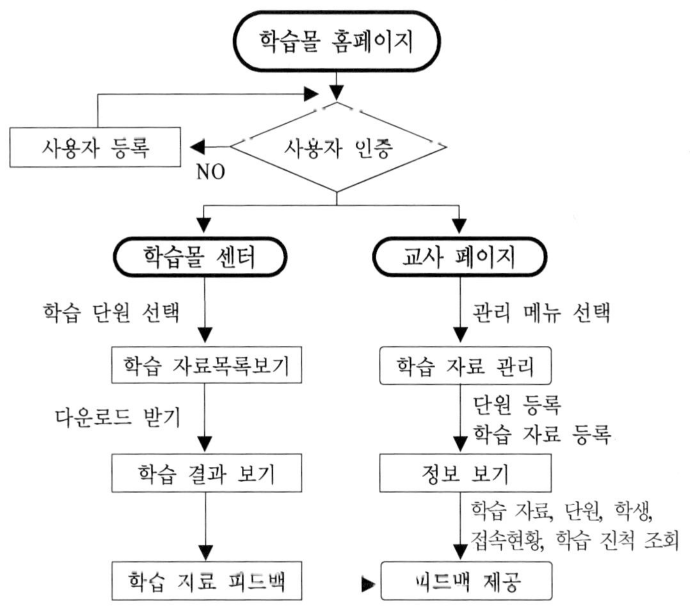

[그림 66] 인터넷 학습몰의 전체 흐름도

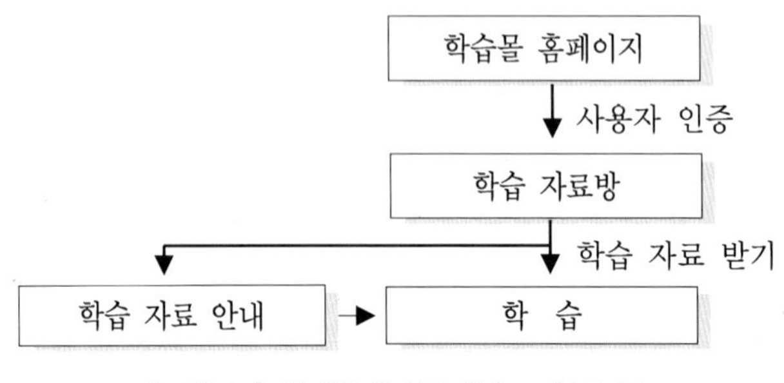

[그림 67] 인터넷 학습몰 학습 모형의 구조

2. 온라인 물리탐구토론대회

　오늘날 중등학교에서의 학생들은 생명력을 잃어버린 과학 수업에서 점차 흥미를 잃어가고, 과학은 재미없고 지루한 것이라는 인식을 가짐과 동시에 과학적 창의적 사고력마저 저하되고 있다. 과학 수업이 일상생활과 유리되고 실천이 결여된 이론 위주의 내용으로 입시를 위한 수단이 된 것은 받아들이기 싫은 현실이 되고 있다.

　이러한 현실 속에서 과학적 소양을 가진 시민 양성과 함께 과학기술 분야에 진출할 과학기술자의 양성이라는 과학교육의 목표를 이루기 위한 많은 노력 중에는 과학경연대회가 하나의 방법으로 여겨지고 있다. 우리나라에서뿐만 아니라 많은 국가에서 과학에 대한 학생들의 흥미와 참여를 높이고 재능 있는 학생들을 발굴하기 위하여 여러 가지 형태의 과학경연대회를 실시하고 있는데, 윤혜경(1997)은 과학경연이 선발의 기능을 가지고 있기 때문에 과학에 재능을 보이는 학생들을 선발하는 것이 직접적인 목적이며, 경연을 준비하고 참여하는 과정에서 보다 많은 사람들에게 과학적 소양을 기를 수 있는 기회를 제공하는 것이 간접적인 목적이라고 말했다. 과학경연대회는 학생들의 뛰어난 문제 해결 능력뿐만 아니라, 독창적 사고능력과 문제를 정확하게 파악하는 능력, 과학적 방법을 올바르게 적용하는 능력 등을 평가하고 있다.

과학경연은 여러 가지가 있지만, 물리올림피아드와 같이 미리 출제된 문제를 정해진 시간에 해결하는 시험형과 우리나라의 과학전람회와 같은 일정기간 동안 수행한 연구의 결과를 발표하는 발표형으로 나눌 수 있다. 이에 대해서 물리공동탐구토론대회는 이들과는 다른 제3의 경기 유형이라고 할 수 있다(한국물리교육연구센터, 1994). 물리공동탐구토론대회는 학생들의 종합적인 탐구 능력을 향상시키고, 집단적 조직력과 협동심을 기르며, 의사결정 과정과 역할분담을 스스로 판단하고, 또한 토론경기로부터 과학에 대한 흥미와 상호간의 경쟁능력을 동시에 효과적으로 고양시키고자 서울대학교 물리교육과에서 국제청소년물리토너먼트(IYPT)[12]를 기본모형으로 개발하여 1993년과 1994년에 중학생을 대상으로 토론대회를 진행하였고, 1995년부터 서울대학교 물리교육과 학부생 전원이 참여하는 대회로, 2001년부터는 전국 대학생 물리공동탐구토론대회로 진행하고 있다.

물리공동탐구토론대회의 목적은 학생들의 과학적 사고력을 계발하고, 과학 및 연구 활동을 개인적, 집단적으로 체험하게 하는 데에 있다. 이를 위하여 학생들은 다양한 관점에서 문제 해결방안을 모색해야 하며, 문제 해결을 위한 과학적 사고와 활동을 실천하고, 연구를 위한 조직

---

12) 국제청소년물리학자토너먼트(IYPT, International Young Physicists' Tournament) 는 1979년 구소련의 모스크바 대학 물리학과에서 제안하여 물리학에 뛰어난 고등학생들을 대상으로 실시되다가 구동구권의 국가들이 참가하면서 1988년부터 국제대회로 발전하였다. 우리나라는 2002년 제14회 대회부터 참가하고 있다. 대회는 각 나라의 저명한 과학자로 구성된 국제조직위원회가 매년 11월경에 17개의 문제를 출제하고 대회 참가팀(학생 5명, 지도자 2명)들은 제시된 문제들에 대해 약 6개월 동안 연구하여 보고서를 작성하고, 이듬해 5월경에 국제대회에 참가하게 된다. 문제는 교과서적인 문제가 아닌 생활주변에 실제로 존재하는 현상을 해결하는 것으로 수준 높은 물리학 지식은 물론 창의력, 과제 집착력 등이 요구된다.

화를 스스로 수행하여야 한다. 구체적으로 목적을 살펴보면 다음과 같다(한국물리교육연구센터, 1994).

물리공동탐구토론대회는 과학경연대회가 지녀야 할 '학술적이고 탐구적인 측면', 일반경기가 지니고 있는 '대중적이고도 오락적이며 축제적인 측면', 경기 당사자들뿐만 아니라 관람자와 심사위원들이 같이 참여하여 즐길 수 있는 '공동체적 측면', 학술적 연구에서 흔히 일어날 수 있는 사고와 연구 활동의 '장기적이고 개방적인 측면' 등을 종합적으로 갖춘 경기이다. 오늘날 많은 과학연구가 최초의 과제선정에서부터 다양한 모형을 통한 해결방안의 모색과 검증, 그리고 최종적으로 현실적인 해결을 결정하기까지의 과정에서 일련의 협동적 활동을 요구하고 있다는 점에서 볼 때에 매우 의의가 있다(한국물리교육연구센터, 1994).

이러한 방식은 듀이로 대표되는 경험주의 학자들의 '생활 그 자체로서의 교육'과 최근 유행하고 있는 열린 교육과도 그 맥락을 같이하고 있다. 즉, 시간의 제한을 없애고, 공간적 제한을 넘어서, 주어진 교과내용에 얽매이지 말고, 천편일률적인 교수방법에서 탈피하여 교육의 진정한 본질로 돌아가자는 열린 교육과, 교육은 생활과 유리될 수 없다는 경험주의적인 근본취지에서도 물리공동탐구토론대회의 의의를 찾을 수 있다(박인호, 2002).

[표 8] 물리공동탐구토론대회의 목적

목 적	세부 목적
과학적 사고력의 개발	• 정확한 과학지식의 습득과 응용 • 광범위한 과학관련 지식의 활용 • 과학적 방법의 습득과 구사 • 과학에 대한 바람직한 가치관과 태도의 형성
과학 활동의 직접적 체험과 연구 활동	• 학술적 과학 활동의 경험 • 정보 수집과 처리의 능력 • 다양한 관점에서 문제 해결방안 모색 • 문제 해결을 위한 과학적 사고와 활동의 장기적 실천 • 연구의 조직화

목 적	세부 목적
집단적 협동심의 자극	• 개인능력의 최적화된 활용 • 의사결정의 합리적 과정에 대한 경험 • 자발적 역할분담과 책임감의 완수
축제적 경연대회	• 흥미를 유발하는 프로그램 • 다양한 경기 프로그램 • 경기의 공동체적 체험 • 과학의 대중화

1) 온라인 물리탐구토론의 필요성

전세계적으로도 과학영재 및 영재성의 측정, 선발과 관련하여 패러다임의 전환이 일어나고 있다. 이에 경시대회 문제 유형의 고난도 문제 해결력에서 창의적 문제 해결력과 발견력에 대한 필요성과 관심이 증대되고 있는 실정이다.

과학영재교육 국제학술대회 참석자들은 "과학경연대회(특히, 경시대회)가 많은 학생들 중에서 영재를 찾아내는 데 가장 적절한 방법 중의 히나"라고 말하였고, 국제청소년물리토너먼트(IYPT)의 안드레이 나돌리 사무총장(폴란드과학원 물리연구소)은 "실험도구를 갖고 특정한 시간 안에 확실한 답을 찾아야 하는 올림피아드와는 달리 공동탐구토론대회는 과학자가 하는 것처럼 다양한 해결방안을 통해 문제를 풀도록 돼 있어 참가자들에게 더욱 자극과 도전이 되고 있다"고 하였다. 즉, 공동탐구토론대회에서 공동탐구를 통하여 창의적으로 문제를 해결해 나가는 과정을 배우고, 토론을 통하여 의사를 결정하는 과정을 배울 수 있어, 과학영재들을 위한 좋은 프로그램으로 인식되고 있다. 또한 공동탐구토론은 영재들은 물론 일반 학생들에게도 과학의 다양한 측면을 체험해 볼 수 있어 좋은 학습 방법으로 여겨지고 있다.

그러나 실제로 공동탐구토론을 적용하는 과정에서 여러 가지 문제점들이 발견되었다. 수년간 대학생들을 대상으로 한 '대학생 물리탐구토론대회'와 중학생들을 대상으로 한 탐구토론에서 학생들이 말하는 가장 큰 어려움은 토론 과정에서의 시간 부족으로 자기 의사를 활발하게 표현하지 못하는 현실을 들었다. 물리탐구토론대회(IYPT, KYPT, 대학생 물리공동탐구토론대회)에서는 대회의 형식([표 9])을 따르다보니 논쟁을 벌이는 데 충분한 시간을 갖지 못하는 실정이다.

[표 9] 대학생 물리탐구토론대회 규칙

영 역	시 간
발 표	8분
발표자에 대한 반론자의 질문	2분
반론자의 주장	3분
발표자와 반론자 사이의 논쟁	4분
발표자와 반론자의 견해에 대한 해설자의 해설과 논평	4분
논쟁의 마무리	4분

이에 대한 비판을 보완하고자, 중학생들의 탐구토론에서는 논쟁을 일으키는 데 충분한 시간을 주었지만, 다른 토론과는 달리 과학적인 내용에 대해서는 반론에 대한 답변을 준비하는 데 자료의 분석, 재실험, 동료와의 토론을 활용하여야 하기 때문에 짧은 시간 안에 원하는 답변을 제시하는 것은 근본적으로 어렵다. 물론 대회의 성격을 띠고 있기 때문에 대회 당일에 승자와 패자를 가려야 하고, 그렇기 때문에 학생들은 토론대회를 시작하기 전에 예상되는 반론에 대한 답변을 준비한다. 그러나 탐구토론의 목적을 대회를 통해서 우수한 학생을 선발하는 것이 아니라, 토론을 통한 비판적 사고력의 신장, 토론을 통한 탐구의 완결이라는 큰 의미의 목적을 생각한다면, 시간이 부족하여 발생하는 단점은 토론의 장점을 저해하는 요소로 작용할 수 있다.

그런데 토론 시간을 충분히 오래 주게 되면, 토론의 긴장감이 떨어지게 되고, 반론을 준비하고 답변을 준비하는 과정에서 필요 없이 기다리는 시간을 갖게 되고, 토론이 길어져 주고받는 내용이 많아지기 때문에 모든 내용을 기억하지 못해 반복적인 질문이 오가는 경우도 발생하기 쉽다.

이러한 문제점을 해소하고자 토론대회를 여러 차례 나누어서 실시하는 방안을 선택할 수도 있다. 연구자가 지도하는 중학생들을 대상으로 탐구토론을 실시하였을 때에는 3일에 걸쳐서 토론대회를 진행함으로써 발생하는 문제점을 해결하였다. 그러나 이렇게 여러 날에 걸쳐서 시도하는 것은 학습자나 교사에게 큰 부담으로 작용한다. 같은 학교에서 학습하는 학생의 경우, 매일 집합교육을 실시하는 것이 가능하지만, 부담이 줄어드는 것은 아니다. 특히 본 프로그램이 효율적이라고 생각하는 영재의 경우, 과학고등학교와 같은 특수목적고등학교를 제외하면 대부분 여러 영재교육원에서 실시하는 프로그램의 경우는 방학을 제외하면 1주일에 1회 모여서 교육을 실시하는 것이 일반적이다. 연구자가 온라인 탐구토론을 실시한 서울대학교 과학영재교육센터(2003년부터 과학영재교육원으로 바뀜)의 물리반에서 교육을 받는 학생들의 경우, 서울대학교까지 오는 데 걸리는 시간이 보통 1시간 남짓이었고, 가장 먼 학생의 경우에는 2시간 가까이 걸리기도 하였다. 즉, 토론을 하기 위해서 정해진 장소로 집합하는 것은 교통시간, 교통비 등을 비롯한 불필요한 것들이 소모된다. 특히 많은 학생들의 경우에는 일정 조정에 어려움이 있어 모이는 시간과 장소를 정하는 데에도 큰 불편함이 발생하였다.

오프라인(면대면) 토론의 경우에는 토론 과정 중에도 문제가 발생한다. 일반적으로 탐구를 공동으로 수행하기 때문에 2-3조 간에 토론을 할 경우에는 10명 이상의 학생들이 토론에 참여하게 된다. 따라서 발언의 기회가 충분히 돌아오지 않게 될 뿐만 아니라 다른 사람 앞에서 이야기하는 데 어려움을 갖고 있는 학생은 발언을 전혀 하지 못하는 경우도 발생한다. 물론 신체적 상애가 있는 경우에는 참석 자체도 불가능하다.

　그리고 토론 과정에서 나타나는 여러 가지 내용들이 학생들의 탐구에 거의 반영되지 못하고 대회 자체로 끝나는 경우를 많이 발견할 수 있었다. 앞에서도 말했듯이 대회 자체가 목적이 아니라 토론을 통해서 탐구를 완결하고자 한다면 토론 이후에 있어야 할 보충실험과 같은 논의가 필수적이다. 즉, 토론 과정은 상대방의 토론을 비판하는 것 자체로서 끝나는 것이 아니라, 토론 과정 속에서 밝혀지는 논점들에 대한 해결을 통해서 탐구를 보다 완결된 형태로 이루어 가는 것이다. 이런 차원에서 토론 이후에 있어야 할 활동에 대한 보완책이 필요하다.

　본 연구에서는 이런 문제점을 해결하기 위한 하나의 방안으로 온라인 탐구토론을 적용하였다. 온라인 토론은 앞의 이론적 논의에서도 밝혔듯이, 시간과 공간을 초월하여 학습자가 원하는 시간에 인터넷이 가능한 장소이면 어느 곳에서도 쉽게 접근할 수 있고, 따라서 반론이나 질문에 대한 답변을 할 충분한 시간을 갖추게 되고 텍스트를 기반으로 하기 때문에 사려깊은 반성적 사고를 통하여 논리적인 추론 과정을 보여줄 수 있다. 또한 학습자들끼리 다양한 상호작용이 가능하고, 컴퓨터에 파일로 저장되기 때문에 이전의 토론 과정을 쉽게 되돌아볼 수 있는 기회를 갖게 되고, 많은 학생들이 토론 참여의 기회를 균등하게 가질 수 있는 장점이 있다.

　따라서 「공동탐구」-「오프라인 토론」의 과정으로 진행되는 탐구토론대회의 형식을 「공동탐구」-「온라인 토론」 또는 「공동탐구」-「온라인 토론」-「오프라인 토론」과 같은 방식으로의 전환이 요구된다.

　온라인 토론이 적용되기 이전의 공동탐구토론의 진행흐름은 [그림 68]과 같다.

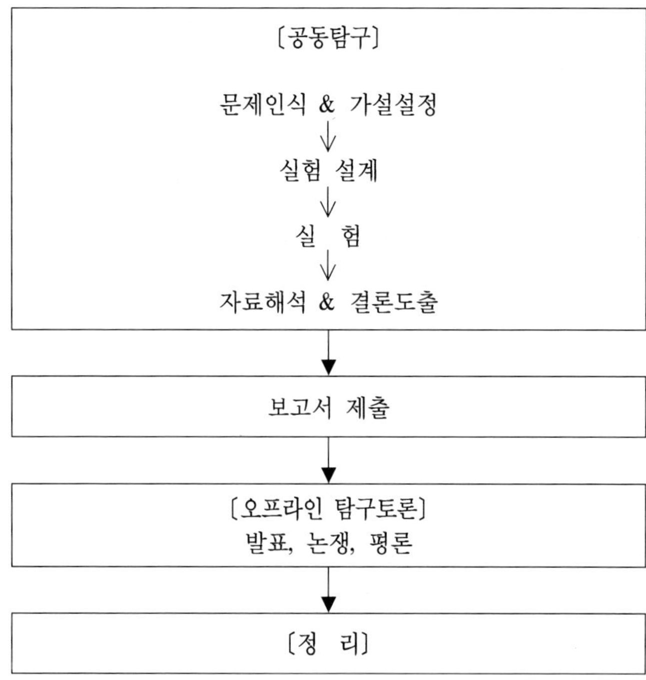

[그림 68] 온라인 토론이 적용되지 않은 탐구토론 흐름도

전체 과정은 「공동탐구」 단계와 '오프라인 남구토론」 난세로 이루어
져 있다. 탐구의 주제가 정해지면, 그 탐구문제를 이해하고 가설을 설
정한 후, 가설을 검증할 수 있는 실험을 설계하여 실험결과를 분석하고
결론을 도출하는 일반적인 과학적 탐구 과정이 진행된다. 이후 탐구의
전반적인 내용이 포함되어 있는 보고서를 제출한 후 이 보고서의 내용
을 바탕으로 오프라인 탐구토론을 진행한다. 토론 과정에서는 발표와
논쟁, 평론이 이어지게 되며, 이 과정은 조별로 순환하여 이루어진다.

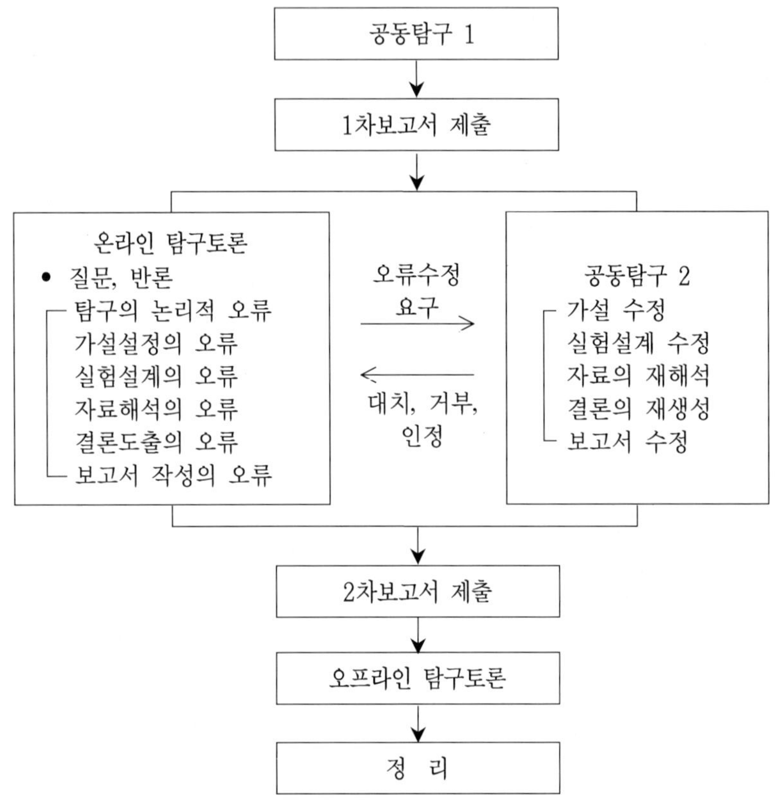

[그림 69] 온라인 토론이 적용된 탐구토론 흐름도

이에 반해 온라인 토론이 적용된 탐구토론은 [그림 69]와 같이 진행된다. 「공동탐구」 단계와 「오프라인 탐구토론」 단계는 동일하나 「온라인 탐구토론」 단계가 더해지면서 보고서 제출이 「1차보고서 제출」과 「2차보고서 제출」로 구분되고, 온라인 탐구토론 과정에서 나타나는 문제점들을 보완하는 「재탐구(공동탐구2)」 단계가 덧붙여진다.

학생들은 공동탐구를 통하여 작성된 보고서를 읽고 일정기간 동안 「온라인 탐구토론」을 진행한다. 온라인 탐구토론에서는 질문 / 답변 / 반론 / 평론 등이 동시에 이루어지며, 특히 반론조의 학생들은 탐구 과정에서 나타나는 논리적 오류, 가설설정의 오류, 실험설계의 오류, 자료해석의 오류, 결론도출의 오류, 보고서 작성의 오류에 대하여 반론을 하고, 이에 대해서 답변조에서는 공동탐구를 재수행하거나 합의토론에 의해서 결정된 사항으로 반론에 대해 대치나 거부를 통해서 기각하기도 하고, 인정을 통해서 수용하기도 한다.

답변을 요구하는 질문과 반론에 대해서는 답변이 필수적으로 이루어져야 하기 때문에 토론은 계속하여 진행되게 된다. 전체 주제는 탐구의 주제로 정해지지만 토론 과정에서는 탐구 과정이나 탐구 결과에 대한 소주제별로 토론이 진행되어 여러 단위토론으로 구성된다. 이때 토론의 전 과정은 서버에 저장되기 때문에 언제 어디서나 쉽게 토론 과정을 살펴볼 수 있어 지속적인 토론이 이루어질 수 있다.

일정기간 동안 수행된 온라인 탐구토론 과정에서 나타나는 여러 가지 문제점들은 이후 「재탐구(공동탐구2)」 단계를 거치면서 수정·보완이 이루어진다. 즉, 온라인 탐구토론은 탐구의 과정 중에서 보다 완결된 탐구의 진행을 위해서 많은 사람들의 논쟁을 통해서 서로 도움을 주고받는 과정으로서 의미를 갖는 것이다.

물론 앞서 밝힌 바와 같이 온라인 탐구토론도 많은 단점을 가지고 있다. 그렇기 때문에 대회로서의 의미가 아닌, 탐구의 과정으로서의 의미를 부여하는 것이고, 「온라인 탐구토론」 단계와 더불어 재탐구(공동탐구2)와 2차 보고서 제출에 이어 「오프라인 탐구토론」 단계를 통해 전체 공동탐구토론을 마무리하게 된다.

2) 온라인 물리탐구토론 학습체제의 설계 원칙

공동탐구 단계와 오프라인 탐구토론 단계 사이에 온라인 탐구토론 단계를 포함시킴으로써 전체 탐구토론이 이루어지는데, 이때 필요한 온라인 탐구토론을 설계하고 제작하는 것이 본 연구의 첫 번째라고 할 수 있다. 지금까지 온라인 토론과 관계된 대부분의 연구는 온라인 토론의 설계와 제작 부분에는 관심을 두지 않고 주로 토론 과정에서 학생들의 상호작용이나 내용 분석, 토론에 영향을 주는 요인들에 대한 연구가 대부분이었다.

초창기의 온라인 토론은 주로 교수자와 학생들 사이에 이메일 (E-mail)을 통한 의견교환이 주를 이루었다. 이는 그 당시에 가능한 통신수단 중에 가장 새로운 방식으로 교육적 활용 가치가 있다고 판단되었기 때문이다. 그러나 이메일을 통한 의사교환은 시간상으로는 비동시성을 띠고 있지만, 개인과 개인 간의 통신이기 때문에 다른 학생들이 내용을 볼 수 없다는 단점이 있다. 따라서 통신 메시지 전달 방식에 전환이 요구되었고 이런 요구에 맞추어 개발된 것이 메일링 리스트 (Mailing list)에 의한 방식이다. 즉, 메일 서버에 저장된 주소를 통하여 교사와 학생, 학생과 학생 사이에 주고받는 메시지들은 다른 학생들에게도 재전송됨으로써 모든 학생들과 교사가 관련된 토론의 전 과정을 전체 토론 참여자들이 볼 수 있는 장점이 있다. 그러나 메일링 리스트에 의한 의사교환은 전체 토론 내용을 학생들에게 자동으로 재전송되기만 할 뿐 내용이 조직화되어 있지 않아 토론 과정을 이해하는 데 부족할 뿐만 아니라 학생들의 참여 정도를 파악하는 데에도 어려움이 있어 최근에는 웹을 기반으로 한 온라인 토론이 흐름을 이어받고 있다. 웹은 앞에서도 밝혔듯이 다양한 유용성을 가지고 있어 온라인 토론이 갖는 많은 장점들을 구현할 수 있다. 그러나 현재 온라인 토론에 대한 연구에서 사용되는 온라인 토론은 대부분의 웹 사이트에서 볼 수 있는 게시판(BBS, Bulletin Board System)을 그대로 활용할 뿐 온라인 토론을 위하여 교수학습 모형에 대한 고려가 뒷받침되지 못한 실정이다.

웹 기반 교수-학습 환경이 도입되면서 기존의 교수설계 모형을 적용할 때 웹 기반 환경의 특수성을 고려하여 수정·보완되어야 한다. 정인성(1999)은 웹 기반 교수-학습체제에서 웹의 특성을 최대로 이용하면서 교육적으로 효과 있기 위해서 고려되어야 할 측면이 있음을 지적하고 이전 연구에서 나타난 모형들을 통합, 조정하여 교육철학적 측면, 학습 활동의 측면, 교수자의 역할 측면, 구조적 융통성의 측면의 4가지 측면으로 다음 [표 10]과 같이 웹 기반 교수-학습 모형을 제안하였다.

[표 10] 웹 기반 교수-학습 모형(정인성, 1999)

웹 기반 교수-학습의 4가지 측면	웹 기반 교수-학습의 각각의 측면에 따른 교수-학습 모형	온라인 물리탐구 토론 학습체제
교육 철학적 측면	행동주의적 모형, 구성주의적 모형	구성주의적 모형
학습 활동의 측면	정보검색 모형, 지식 구성 모형, 협력학습 모형	협력학습 모형
교수자의 역할 측면	강의 모형, 촉진 모형, 관리 모형	촉진 모형
구조적 융통성의 측면	폐쇄적 모형, 개방적 모형	개방적 모형

온라인 물리탐구토론 학습체제는 위의 모형에 따르면 교육 철학적 측면에서 구성주의적 모형으로, 학습 활동의 측면에서는 협력학습 모형으로, 교수자의 역할 측면에서는 촉진 모형으로, 구조적 융통성의 측면에서는 개방적 모형을 기본 모형으로 선택한다.

웹 환경에서 새로운 교수-학습체제를 개발하고자 할 때 고려하여야 할 설계적 요소는 매우 다양하다. 이전의 교수-학습 방법에 비해서 웹 환경에서는 학습의 주체가 학습자이기 때문에 학습자 주도로 일련의 교수-학습 과정이 진행될 수 있도록 설계에서 배려해야 함을 의미하며, 웹 환경에서는 서로 대면 접촉이 없는 상황에서 학습이 진행될 수 있으므로 학습자 스스로가 지속적으로 동기·유발될 수 있는 환경을 제공하는 데에 설계의 초점을 두어야 한다.

특히 온라인 탐구토론은 이전의 학습 방법과는 달리 학습자들의 상호작용을 극대화할 수 있고, 면대면 토론의 장점을 그대로 살려 보다 효율적으로 토론이 이루어질 수 있도록 구성되어야 한다. 따라서 온라인 물리탐구토론 학습체제의 개발에 다음과 같은 5가지의 설계 원칙을 적용할 수 있다.

첫째, 학습자의 학습 동기를 강화하고 접근이 용이하도록 화면을 설계하여야 한다.

온라인 학습에서 학습자가 최종적으로 접하는 화면의 설계에 그 체제의 특징이 잘 드러나지 않으면 학습자의 학습 동기는 현저하게 떨어지게 된다. 처음 온라인 학습이 대두될 때에는 화면 설계의 측면을 중요하게 다루지 않았지만, 최근 들어서 온라인 환경의 교육에서 시각적인 설계(visual design)가 반드시 필요하다는 주장이 제기(Clark et al., 1997)되면서 화면 설계의 시각적, 미학적, 교육적 측면에 대한 관심이 제기되고 있다. 특히 온라인 환경에서 구현되는 교수-학습체제가 학습자 중심으로 설계, 개발되기 위해서는 (i) 조화, 균형, 단순성을, (ii) 학습자 통제, 직접 접근성, 일관성, 피드백, 심미성을, (iii) 역동성, 균형, 강조, 통일 등을 추구해야 한다(김미량, 2000). 특히 온라인 환경과 같이 학습자가 학습에 주도적 통제권을 갖는 환경에서는 더욱 학습자의 학습 동기를 유발할 수 있는 심미적 화면이 설계되어야 하고, 화면의 구성이나 제시되는 다양한 요소들이 학습자의 자기 주도적 학습과 파지를 돕는 방향으로 제시되어야 하며, 학습자의 역동적 참여를 촉진하기 위해 화면상에 고도의 기술이 통합, 구현되는 것이 좋다.

이렇게 잘 설계된 화면으로 구성된 온라인 학습 환경은 (i) 화면에 제시되는 내용의 읽기와 이해를 용이하게 돕고, (ii) 메시지 해석에 요구되는 노력을 최소화하고, (iii) 내용에 대한 학습자의 능동적 몰입을 유도하며, (iv) 가장 중요한 메시지에 학습자의 주의를 집중하도록 함으로써, 체제와 학습자 간의 의사소통을 개선하는 목적을 갖는다. 이와 같이 정보를 단순히 아름답게 포장, 제시하는 것을 넘어 효과적 의사소통을 촉진하는 화면 설계는 기본적으로 웹 교수설계의 일반적 원리,

즉 일관성, 역동성, 조화, 균형, 통일, 심미성 등을 준수해야 함은 물론 이에 덧붙여 화면상에 등장하는 구체적 요소들의 다양한 측면을 고려해야 할 필요가 있다는 것이다(김미량, 2000).

앞에서 밝혔듯이 온라인 환경은 다양한 형태로 존재한다. 그중에서도 웹은 온라인 환경의 다양한 장점을 수용할 수 있기 때문에 오늘날 가장 관심 있는 부분이다. 따라서 온라인 탐구토론은 웹기반으로 제작한다. 메뉴는 심미성을 고려하여 플래시를 이용한 애니메이션으로 제작하여 하위 메뉴를 하나의 메뉴 창에서 모두 보이도록 제작한다. 또한 학생들이 실제로 토론 과정을 벌이는 온라인 토론은 CGI(Common Gateway Interface) 또는 PHP(Professional HTML Preprocessor) 프로그램으로 구현한 게시판을 탐구토론의 하위 설계 원칙에 맞추어 개발한다.

둘째, 온라인 탐구토론은 오프라인 탐구토론과 최대한 근접하도록 설계되어야 한다. 오프라인(면대면) 상황에서의 토론은 대상이 정해져 있기 때문에 답변을 요구하는 발언(질문, 반론 등)을 하였을 때 이에 대한 답변이 필수적으로 따르게 마련이다. 그러나 일반적으로 게시판을 그대로 온라인 토론으로 사용하는 경우, 학생들이 말을 하는 대상이 동료 학생이 아닌 컴퓨터가 되어 질문·답변이나 논쟁이 효율적으로 이루어지지 않는다. 특히 글을 읽기만 하고 쓰지 않으려는 은닉자가 등장하게 되어 토론이 활발하게 진행되지 않는다는 문제가 발생한다. 이렇듯 토론에 대한 설계가 없이 그대로 웹상으로만 옮기려는 시도는 큰 문제를 야기하고 토론 자체가 활성화되지 못하는 상황을 낳는다. 특히 온라인 토론은 학습자들끼리 물리적으로 서로 독립되어 있어 사회적 존재감(social presence)이 약화되기 때문에 학습자들은 웹상에서 고립되기 쉽다. 학생들은 능동적인 대화는 의미의 협상 과정을 통하여 새로운 이해 방식을 구성할 기회를 제공하기 때문에, 온라인 토론에서도 학생들이 능동적으로 대화에 참여할 수 있도록 설계가 이루어져야 한다.

이를 위해서는 대화형 구조를 선택하면 된다. 전체를 대상으로 이야기하는 내용도 있을 수 있지만, 근본적으로 논쟁이 주를 이루는 탐구토론에서는 글의 내용은 탐구의 주제, 실험설계, 자료해석, 결론도출과 같은 탐구의 과정에 대한 질문과 반론으로 이루어지지만, 그 글에 대한 대상은 그 탐구를 수행한 사람들 또는 조가 되기 때문에 글의 대상을 반드시 지정할 필요가 있다. 즉, 질문이나 반론을 작성할 때에는 그 글에 대한 답을 해야 하는 대상을 지정함으로써 답변 '대상조'나 '대상사람'은 그 글에 대한 답변의 책임을 갖게 되어 토론이 끊이지 않고 지속될 수 있다. 오프라인 탐구토론에서 질문이나 반론을 할 때, 답을 요구하는 대상이 정해지는 것과 같은 방식으로 학습자들은 물리적으로는 떨어져 있지만, 가상공간 속에서 서로 유기적으로 연결되었다는 느낌을 받게 되어 능동적으로 대화에 참여할 수 있게 된다.

셋째, 온라인 탐구토론에서 토론 집단 구성을 소집단으로 하여 집단 간 논쟁토론, 집단 내 합의토론이 가능해야 한다. 토론을 통한 학습이 중요하다는 인식은 많은 연구자들에게서 지적된 것이고, 이를 구현할 때 가장 효과적으로 하기 위하여 소집단 토론을 많이 강조한다(강석진, 2000). 소집단 토론은 전체 학급 토론에 비해서 자신의 이론이나 자신이 이해하지 못한 사실을 표현할 수 있고, 많은 학생들이 참여할 수 있다는 장점이 있다. 면대면 토론에서 강조하는 소집단 토론은 단순히 토론 참여자를 제한하는 것에 국한되어 있지만, 온라인 탐구토론에서는 이 외에 집단 간 경쟁이 일어나는 구조를 선택한다. 일반적으로 집단 응집력은 집단의 갈등과 관계가 깊어, 집단 간에 이루어지는 어느 정도의 경쟁이나 갈등은 집단 자체의 응집력을 강화시키고 토론에 대한 동기를 유발시켜 토론의 참여도와 토론을 통한 문제 해결 성과를 높여 줄 수 있는 장점을 가지고 있다(임정훈, 1999b). 온라인 토론이 면대면 토론에 비해서 집단의 인원수나 집단 수에 크게 제약을 받지는 않지만 너무 많게 되면 심도 있게 토론 내용이 진행되지 못하고 특정인과의 토론만 진행되는 경향이 있다. 또한 토론 글이 너무 많게 되면 토론의 흐름을 따라가지 못하는 경우도 발생할 수 있어 적절히 조절할 필요도 있다. 온라인 탐구토론은 집단 내의 합의토론과 협력학습이 가능하도록 구성되어 있다.

협력은 탐구의 과정에서 나타날 뿐만 아니라, 집단 간의 논쟁이 일어나는 경우에 이를 해결하고자 할 때도 필요하다. 협동구조는 학습자들이 동일한 목적을 달성하기 위하여 서로 협력해야 하기 때문에 상호 의존도와 응집력이 높아져 온라인 토론의 활성화에도 큰 기여를 할 수 있다. 또한 집단으로서 성공하였을 때 그에 대한 대가가 집단 구성원에 공유되는 협동보상 구조(임정훈, 1999b)를 적용함으로써, 개인보다 집단의 성취가 더 중요하게 되어 구성원들 간의 협동심과 결속력이 강화되어 토론 참여도가 높아지게 된다. 물론 협동보상 구조에서는 개개인의 책임감이 떨어질 우려가 있기 때문에 전체 토론 자체가 부실해질 수 있는 우려가 있어 기본적으로는 협동보상 구조를 바탕으로 하되, 개인 보상 구조를 결합한 복합적 구조가 되는 것이 바람직하다.

넷째, 온라인 탐구토론에서 자신의 위치를 쉽게 파악할 수 있는 구조로 설계되어야 한다.

온라인으로 학습을 진행하는 경우, 학생들은 방대한 자료 속에서 자신의 위치를 잃어버리고 웹상의 미아가 되어 학습 자체를 포기해 버리는 경우가 종종 발생할 수 있다. 이를 해소하기 위하여 일반적으로 웹 기반 학습 프로그램을 설계할 경우, 학습자의 위치를 추적하여 표시해 주어 자신이 현재 위치해 있는 곳을 찾을 수 있고, 쉽게 다른 곳으로 이동할 수 있는 방안을 모색하는 경우가 많다. 또한 학습 진척도와 성취도도 제공해 주어 자기 주도적으로 학습을 할 수 있도록 많은 방법들을 제공해 준다.

그러나 온라인 탐구토론과 같이 여러 사람들이 같은 공간에 글을 올리는 경우에는 전체 내용을 다 읽어본다고 할 때에도 자신이 무엇을 해야 하는지 방향을 잃어버리게 된다. 온라인 물리탐구토론 학습체제 속에는 학습자들이 탐구 과정 중에 사용하는 탐구 게시판, 실제 온라인 토론이 이루어지는 온라인 토론방, 집단 내 합의토론을 위한 조별 게시판, 자유게시판, 공지사항, 탐구보고서게시판 등 십여 개의 가상공간이 존재하기 때문에 학습자들이 전체 흐름을 파악하는 데 어려움을 겪게 된다. 내가 답변을 해야 하는 것은 무엇이며, 자신이 속한 집단이 현재 토론 과정에서 어떤 위치에 놓여 있는지, 다른 집단에 대해서 우리 집단은 어떤 반론을 펼치고 있는지에 대한 아무런 정보가 제시되지 않았을 경우, 학습자들은 토론의 내용에 대한 고민보다는 현재 토론의 진행이 어떻게 이루어지고 있는가에 대한 구조에 대한 파악만으로도 큰 부담이 된다. 이는 학습자들이 토론에 몰두하는 데 큰 방해요소로 작용하게 되고 토론으로부터 멀어지게 되는 문제점을 일으키기도 한다.

면대면 탐구토론에서는 실시간으로 토론이 진행되기 때문에 내가 토론에 참여해야 할 때를 분명하게 알 수 있는 반면, 온라인 탐구토론은 온라인이 갖는 비동시성으로 인하여 근본적으로 토론 참여의 정도를 학습자 스스로 결정해야 한다. 이것이 긍정적으로 작용하였을 때에는 효과적으로 토론에 참여할 수 있는 장점으로 나타나지만, 앞에서 밝힌 바와 같이 토론장에서 자신의 위치를 잃어버릴 수 있는 문제가 발생하게 된다. 따라서 온라인 물리탐구토론 학습체제에서는 토론장에서 자신의 위치를 확인할 수 있는 방안을 마련할 필요가 있다. CGI 또는 PHP로 제작된 게시판으로 이루어진 웹 기반 토론은 전체 토론 내용은 물론 토론에 참여한 학습자의 정보와 답변대상(그룹)이 지정되어 서버에 저장되기 때문에 간단한 함수의 사용으로 쉽게 학습자 개인, 학습자가 속한 집단이 전체 토론에서 어떤 위치에 있는지를 알 수 있게 된다. 즉, 어떤 글에 대해서 답변이 이루어지지 않았는지, 현재 자기 그룹이 다른 그룹에 대해서 어떤 반론을 펼치고 있는지 일목요연하게 파악할 수 있는 구성이 온라인 물리탐구토론 학습체제 속에 포함되어야 한다.

다섯째, 온라인 탐구토론의 흐름을 한눈에 파악할 수 있도록 구성을 해야 한다. 즉, 전체 논쟁 과정을 이해할 수 있도록 만들어지고, 토론 유형도 손쉽게 파악할 수 있도록 되어야 한다.

온라인 탐구토론에서는 집단 내의 합의토론도 이루어지기는 하지만 근본적으로 가장 중요한 부분이 집단 간 논쟁토론이다. 서로의 탐구 과정과 결과에 대해서 집단 간에 질문, 반론, 재반론이 이루어지는 논쟁구조에서 학습자들은 열띤 의견교환을 벌이게 된다. 기존의 메일링 리스트에 대한 단점으로 지적된 조직적 구성이 온라인에서 가능하지만 게시판이 그대로 사용되었을 때에는 토론의 구조를 한눈에 바라볼 수 없게 된다. 일반적인 게시판의 경우, 작성한 글들이 시간별 배열을 하고 있기 때문에 글들 사이의 유기적인 연결고리가 사라져 토론 진행 내용을 파악하기 쉽지 않다. 특히 온라인 탐구토론의 경우, 큰 탐구주제는 정해져 있지만, 그 탐구의 과정이나 결과에서 나타나는 여러 가지 질문이나 반론들은 그 하나하나가 작은 토론의 주제로 논쟁이 이루어지는 경우가 많다. 따라서 단순한 시간적 배열이 아닌 작은 단위토론별로 토론이 이루어질 수 있도록 구성해야 한다. 또한 작은 단위토론 속에는 발언의 순서가 연결되어 나타나도록 함으로써 전체 토론의 진행 과정을 한눈에 알아볼 수 있도록 설계되어야 한다.

그리고 실제 토론의 과정은 질문, 반론, 답변, 안내, 의견, 기타 등의 토론 유형으로 구성되는데, 면대면 토론에서는 그 사람의 발언 내용을 다 들어보고 난 후에야 어떤 토론 유형으로 제시된 것인지 알게 되어 그에 대한 대응방안도 늦을 수밖에 없다. 온라인 토론에서는 면대면 토론에 비해서 참여도가 증가하여 읽어야 하는 글의 수도 늘어나게 되고, 결국 학습자들은 모든 내용들을 읽어야만 자신이 해야 할 역할을 정할 수 있게 된다. 모든 글을 읽어야 하는 것은 기본적으로 필요하지만, 정해진 시간 내에 필수적으로 읽어야 하는 글들, 우선적으로 읽어야 하는 글에 대한 정보가 제시된다면 보다 원활하게 토론이 이루어질 것이다. 따라서 온라인 탐구토론 학습체제 속에는 학습자들의 토론 유형을 시각적으로 제시되어 학습자들이 쉽게 토론의 구조를 한눈에 바라볼 수 있도록 설계되어야 한다.

3) 온라인 물리탐구토론 학습체제 개발의 실제

(1) 온라인 물리탐구토론 학습체제의 구성

온라인 탐구토론은 웹 기반으로 작성된 화면을 통해서 이루어지기 때문에 토론에 참여하는 학생들은 자기 스스로 필요한 정보를 얻고 자기의 의견을 피력해야 한다. 그렇기 때문에 적절한 화면의 구성이나 메뉴의 구성과 배치가 어떻게 되느냐에 따라서 학생들의 참여 정도가 결정된다.

온라인 물리탐구토론 학습체제는 학생들의 활동 전반에 걸친 모든 것을 웹에서 관리할 수 있도록 하기 때문에 「공동탐구」 단계, 「온라인 탐구토론」 단계에 필요한 것들을 포함해야 한다.

「공동탐구」 단계에서 학생들은 지속적으로 물리적 만남이 어려운 상황이기 때문에 역할의 분담이나 시간의 조절과 같은 탐구의 진행에 관련된 의견을 나누는 공간이 필요하다. 또한 이 공간에서는 탐구 과정에서 수집된 자료를 공유하고, 실험을 통하여 얻어진 데이터를 공유하며 그에 대한 해석을 위한 의견교환의 공간으로 사용될 수 있다. 이런 공간을 온라인 물리탐구토론 학습체제 속에서는 『탐구 게시판』으로 구현한다.

「온라인 탐구토론」 단계에서는 「공동탐구」 단계에서 완성된 탐구보고서에 대하여 질문, 답변, 반론 등의 집단 간 논쟁토론 활동이 이루어진다. 또한 같은 집단의 학생들은 자기 집단에 대하여 제시된 반론에 대한 답변을 위하여 집단 간 합의를 위한 토론 공간이 필요하다. 합의

토론 공간은 비동기를 원칙으로 하나 필요에 따라서는 실시간으로 합의를 할 필요가 있어 실시간 토론을 위한 공간도 요구된다. 이런 요구에 따라 온라인 물리탐구토론 학습체제 속에서는 『온라인 토론방』, 『탐구보고서』, 『조별 게시판』, 『실시간 대화방』 등으로 구현한다.

또한 학생들에게 대회의 일정이나 토론 방법 등 여러 가지 사항들을 안내할 필요가 있고, 학생들은 현재 토론상에서 자신이 속한 집단이나 자신이 어떤 위치에 있는지 알 필요가 있다. 따라서 온라인 물리탐구토론 학습체제 속에서는 『공지사항』, 『자유게시판』, 『History(이력 보기)』 등으로 구현한다. 전체적인 온라인 물리탐구토론 학습체제의 구성은 [표 11]과 같다.

[표 11] 온라인 물리탐구토론 학습체제의 구성

구성 요소	주요 내용
탐구 게시판	공동탐구를 수행하는 과정에서 일정조정이나 탐구수행에 대한 합의를 이루어나가는 공간으로 각 조별로 구성된다.
온라인 토론방	그룹 간 논쟁을 벌이는 공간으로 조별로 구성되어 있다. 각 토론방에서 학생들은 탐구 과정, 결론 등에 대한 질문, 반론을 제기할 수 있으며, 이에 대한 답변 또는 재반론을 통하여 토론이 지속될 수 있다. 토론은 작은 단위토론별로 구성된다.
이력 보기 (History)	토론 과정 중에 학생 자신이나 학생이 속한 조가 어떤 위치에 있는지를 나타내 주는 곳으로 자신(조)이 작성한 글, 자신(조)을 대상으로 작성된 글만 정렬해서 나타내준다.
조별 게시판	온라인 토론에서 발생하는 반론이나 질문에 대하여 답변을 할 때 조 내에서 합의를 이끌어 나가기 위하여 비동기로 합의토론을 이루어나가는 공간으로 조별로 구성된다.
실시간 대화방	공동탐구 과정 중이나 온라인 토론 과정 중에 실시간으로 합의를 이끌어 나가야 할 필요가 있을 경우 사용하는 것으로 여러 대화방을 개설할 수 있다
탐구보고서	토론의 내용이 되는 각 조의 탐구보고서를 모아놓는 공간으로 다른 온라인 학습체제에서 자료실의 역할을 한다.
공지사항	토론 방법, 대회의 일정 등 교사가 학생들에게 전달할 내용을 담아놓는 공간
자유게시판	토론의 내용과는 관련 없이 자유롭게 글을 올릴 수 있는 공간으로 교사에 대한 질문과 답변이 이곳을 통해서 이루어지기도 한다.

　　이런 8가지 구성요소들은 공동탐구와 관련된『탐구 게시판』, 자료실의 역할을 하는『탐구보고서』, 온라인 탐구토론에서 논쟁토론에 해당하는『온라인 토론방』, 합의토론의 역할을 하는『조별 게시판』,『대화방』, 토론 진행과 관련된『공지사항』,『자유게시판』,『History(이력 보기)』로 나뉘어져 구성된다. 이 구성을 그림으로 표현하면 [그림 70]과 같다.

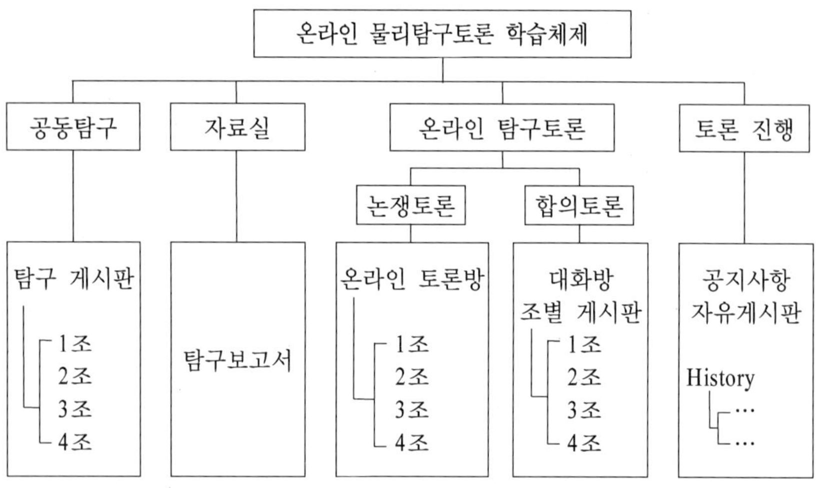

[그림 70] 온라인 물리탐구토론 학습체제 구성도

(2) 온라인 물리탐구토론 학습체제의 개발

　　앞에서 온라인 탐구토론의 참여도를 높이고 원활하게 토론이 이루어지게 하기 위하여 5가지 설계 원칙을 제시하였다. 이 설계 원칙이 실제로 온라인 물리탐구토론 학습체제 속에는 [표 12]와 같이 적용하여 홈페이지를 개발하였다.

[표 12] 설계 원칙의 적용

설계 원칙	설계 원칙의 적용
● 학습자의 학습 동기를 강화하고 접근이 용이하도록 화면을 설계하여야 한다.	화면 구성
● 온라인 탐구토론은 오프라인 탐구토론과 최대한 근접하도록 설계되어야 한다.	대화형 구조
● 온라인 탐구토론에서 토론 집단 구성을 소집단으로 하여 집단 간 논쟁토론, 집단 내 합의토론이 가능해야 한다	온라인 토론방(논쟁토론) 조별 게시판(합의토론)
● 온라인 탐구토론에서 자신의 위치를 쉽게 파악할 수 있는 구조로 설계되어야 한다.	이력 보기(History)
● 온라인 탐구토론의 흐름을 한눈에 파악할 수 있도록 구성을 해야 한다.	토론 주제별 배열과 토론 유형의 시각화

① 화면 구성

화면의 구성은 학습자들이 일반적으로 많이 접하는 형태로 구성하였다. 상단 프레임에 기본 메뉴가 있고 이에 따라서 하단 프레임에는 다시 좌우로 프레임을 나누어 왼쪽 프레임에는 기본 메뉴에서 선택되는 것에 따라서 서브 메뉴가 나타나도록 구성하였다.

● 초기화면 구성

초기화면([그림 71])에서는 회원 인증이 이루어진다. 회원 인증은 사전에 인증받은 아이디와 패스워드를 입력함으로써 온라인 물리탐구토론 학습체제 속으로의 참여 여부를 허용받는 과정이다. 회원 인증을 통하여 토론장에 들어온 후에 작성한 모든 게시물에는 자동으로 작성자의 정보가 표기됨으로써 차후 이력(History) 보기가 가능해진다. 회원 인증을 받은 학생은 자동으로 메인 화면으로 들어오게 된다.

[그림 71] 온라인 물리탐구토론 학습체제 초기화면

• 메인 화면 구성

메인 화면은 상-중-하 세 개의 프레임으로 나누어 '상' 프레임에는 메인 메뉴를, '중' 프레임에는 본문을 배치하고, '하' 프레임은 화면 디자인을 위해서 사용하였다. '중' 프레임은 다시 좌-우 두 프레임으로 나누어 '좌' 프레임에는 서브 메뉴를 배치하였다. 서브 메뉴는 기본 메뉴에서 선택되는 것에 따라서 다른 형태로 제시되도록 하였다.

[그림 72]는 전체 구성을 나타낸 그림이고, [그림 73]은 온라인 물리탐구토론 학습체제를 구현한 홈페이지의 메인 화면이다.

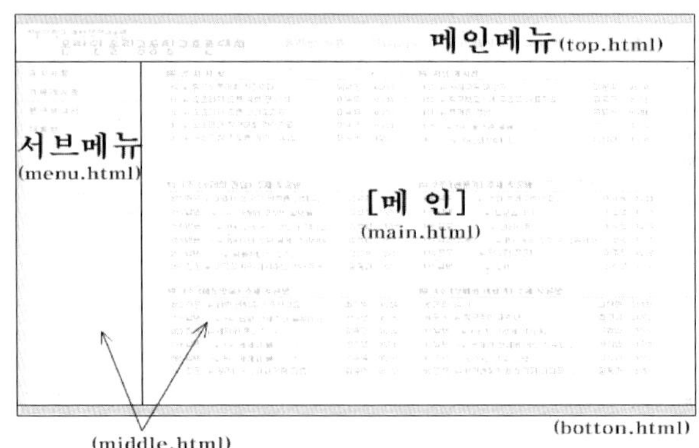

[그림 72] 온라인 물리탐구토론 학습체제 메인 화면 구성

[그림 73] 온라인 물리탐구토론 학습체제 메인 화면 구성의 예

• 메인 메뉴와 서브 메뉴의 구성

메인 메뉴([그림 74])는 상단 프레임에 위치하며 '온라인 토론', '이력 보기(History)', '탐구 게시판', '조별 게시판', '홈'의 버튼이 위치한다. 각 버튼을 선택하면 다른 형태의 서브 메뉴가 나타나는데, '온라인 토론' 버튼에는 '1조(소리의 전달)', '2조(선풍기)', '3조(비눗방울)', '4조(부메랑 비행기)'이 서브 메뉴([그림 75])가 나타나 각 서브 메뉴를 선택하였을 때 해당 토론장이 메인 화면에 나타나게 된다.

'History(이력관리)' 버튼에는 각 조별로 서브 메뉴([그림 76])가 나타나며 해당 조를 선택하면 조의 구성원의 이름이 나타나게 된다. 이때 조 이름이나 사람의 이름을 선택하게 되면 그 사람(조)에게 관련된 글들이 정리되어 메인 화면에 나타나게 된다.

'탐구 게시판' 버튼을 선택하면 각 조별로 서브 메뉴([그림 77])가 나타나며, 서브 메뉴의 조를 선택하면 메인 화면에 탐구 게시판이 나타나고, '조별 게시판'을 선택하면 각 조의 게시판을 선택할 수 있는 서브 메뉴([그림 78])가 나타난다. 그리고 '홈'을 선택하면 '공지사항', '자유게시판', '탐구보고서', '내화방'으로 구성된 서브 메뉴([그림 79])가 나타난다.

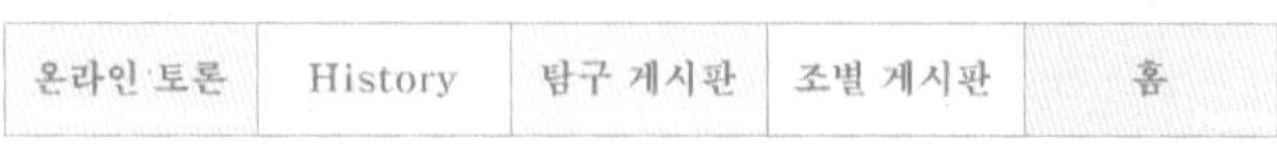

[그림 74] 메인 메뉴

[그림 75] 온라인 탐구토론 서브 메뉴

[그림 76] History(이력 보기) 서브 메뉴

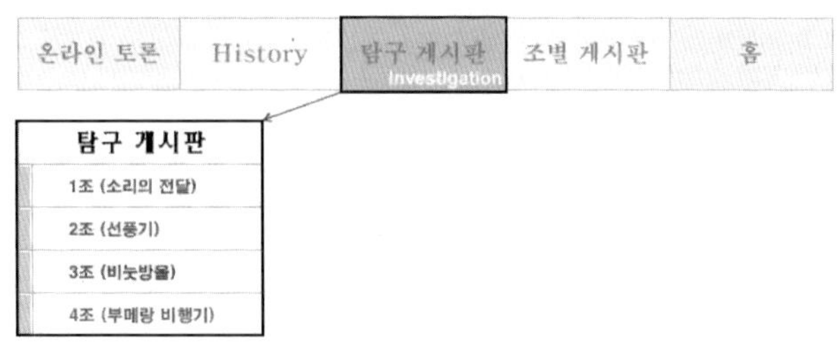

[그림 77] 탐구 게시판 서브 메뉴

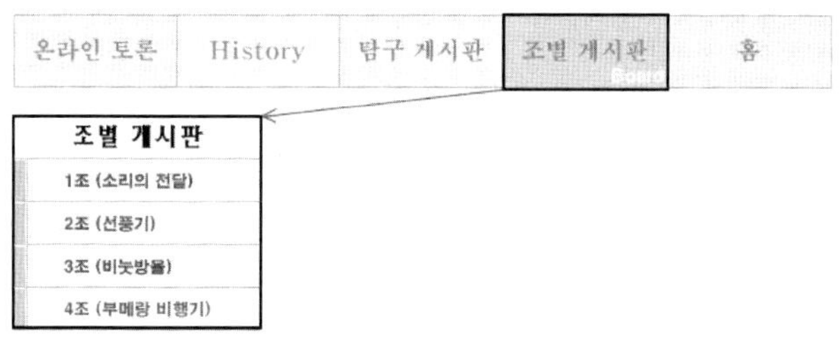

[그림 78] 조별 게시판 서브 메뉴

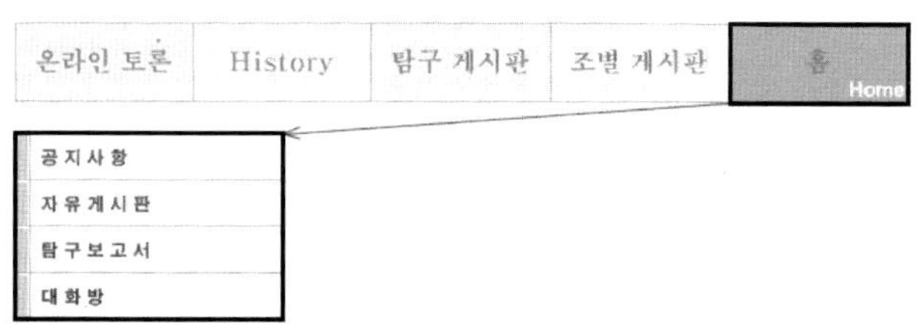

[그림 79] 홈 서브 메뉴

② 대화형 구조

온라인 물리탐구토론 학습체제의 온라인 탐구토론은 오프라인 탐구토론과 근접하도록 구현하기 위하여 대화형 구조를 선택하였다. 즉, 학생들은 탐구 과정과 결론에 대해서 논쟁을 벌이는데, 이때 질문, 답변, 반론의 대상을 지정함으로써 토론에 책임감을 갖게 되어 은닉자(lurker)가 줄어들고, 활발한 참여가 이루어질 수 있다.

토론에 참여하는 학생들은 글을 작성할 때 글의 ‘대상조’와 ‘대상사람’을 지정할 수 있게 구현하였고, 글의 대상으로 지정된 사람은 토론장 또는 자신의 이력관리를 통하여 확인이 가능하기 때문에 쉽게 토론활동에 참여할 수 있다.

[그림 80]은 토론 메인 화면에서 대상을 지정하였을 때 나타나는 모습이다. 토론장에는 각 글의 대상이 조와 사람으로 지정되어 나타나는데, 대상을 특정인물로 지정할 필요가 없을 때에는 ‘특정대상 없음’으

로 표시하여 모든 사람들에게 질문, 답변, 반론을 제기할 수도 있다.

번호	토론형식	제목	자기조	이름	대상-조	대상-사람	작성일
176	질문	[?질문] 우리 눈에 관한건데..;;	1조	이경일	2조	특정대상없음	01/03-19:59
175	답변	[!답변] 답변입니다	2조	최진영	1조	1조(이경일)	01/03-21:00
174	질문	[?질문] 그러니까—	4조	최지민	2조	2조(최진영)	01/03-22:39
173	의견(평론)	[의견] Re..저의조 탐구 범위에서	2조	김용건	4조	4조(최지민)	01/04-00:49
172	질문	[?질문] 단순한 질문!	1조	이경일	2조	특정대상없음	01/03-00:19
171	답변	[!답변] 답변	2조	최진영	1조	1조(이경일)	01/03-12:34
170	질문	[?질문] 만약에	4조	최지민	2조	특정대상없음	01/02-23:09
169	답변	[!답변] 시력과 무관함	2조	최진영	4조	4조(최지민)	01/02-23:23
168	의견(평론)	[의견] 한가지 의견.	1조	정진호	특정대상없음	특정대상없음	01/03-16:21
167	알림	[알림] Re..죄송하지만	2조	김용건	1조	1조(정진호)	01/04-00:52
166	답변	[!답변] 저…∞	4조	최지민	2조	2조(김용건)	01/04-11:34
165	기타	[기타] Re..저…∞	2조	김용건	4조	4조(최지민)	01/04-13:24
164	질문	[?질문] Re..시력과 무관함	4조	최지민	2조	2조(최진영)	01/03-13:04
163	답변	[!답변] 답변	2조	최진영	4조	4조(최지민)	01/03-13:33

[그림 80] 토론 메인 화면에서 대상 지정 결과

[그림 81]은 글쓰기를 할 때 대상을 지정하는 방법을 나타내는 그림으로, 글쓰기를 통하여 질문, 답변, 반론과 같은 의견을 게시할 때에는 '대상-조', '대상-사람'의 오른쪽의 풀다운메뉴를 통하여 글의 대상을 지정할 수 있도록 하였다.

[그림 81] 글쓰기에서 대상 지정하는 방법

(3) 그룹 간 논쟁토론과 그룹 내 합의토론

온라인 물리탐구토론 학습체제에서 가장 주된 토론은 다른 그룹(조) 간에 벌어지는 논쟁형 토론이다. 즉, 토론에 참여하는 학생들은 상대그룹(조)의 탐구보고서를 읽고 이에 대한 질문과 반론을 수행하고 해당 조의 학생들은 필요한 답변이나 재반론을 수행한다. 이와 같은 논쟁형 토론은 '온라인 토론방'으로 구현이 가능하다. 따라서 온라인 토론방은 온라인 물리탐구토론 학습체제에서 허용된 모든 학생들의 출입이 가능하도록 구현한다.

그러나 온라인 탐구토론은 그룹 간에 벌어지는 토론이기 때문에 그룹 내의 합의가 필요하다. 상대방의 반론에 대해서 어떻게 답할 것인가에 대한 논의를 하기 위해서는 다른 그룹 학생들의 접근이 제한된 공간이 필요하다. 따라서 정해진 그룹의 학생들만 접근이 허용된 게시판을 통하여 그룹 내 합의토론을 이끌어 나갈 수 있게 하였고, 이를 '조별 게시판'을 통하여 구현한다. 또한 그룹 내 합의토론에는 실시간으로 이루어질 필요도 있는데, 이것은 '대화방'을 통하여 실시간으로 토론이 이루어지도록 한다. 학생들은 '조별 게시판'을 이용하여 사전에 시간을 약속하여 정해진 시간에 모여 실시간 대화를 시도한다. 또한 MSN, 지니, 버디버디와 같은 메신저 프로그램을 이용하여 토론을 벌이기도 한다.

(4) History(이력) 보기

온라인 탐구토론의 경우 많은 학생들이 글을 올려놓기 때문에 하루에 수십 개의 글이 올라가게 되고, 토론 메인 화면에서 자신이 답해야 하는 글을 선택하는 일은 상당히 어려운 일이다. 따라서 자신이 작성한 글이나 자신에게 답변을 요구한 글만을 따로 정리하여 제시해 준다면 쉽게 토론 과정에서 자신의 위치를 파악할 수 있다. 온라인 물리탐구토론 학습체제에서는 [그림 82]와 같이 자신의 위치는 물론 자기가 포함된 조의 위치를 같이 보여줌으로써 학생들은 적시에 필요한 답변을 하여 토론이 신속하게 이루어실 수 있게 한다.

							discussion3▶
51	의견(평론)	○ 오오.. 옳은말씀.ㅋ	이경일	1조	특정대상없음	특정대상없음	12/26-22:35
50	질문	○ 음.. 그렇다면..	이경일	1조	3조	3조(방석영)	12/25-18:55
49	답변	○ Re..음.. 그렇다면..	방석영	3조	1조	1조(이경일)	12/27-12:06
48	질문	○ 음..	이경일	1조	3조	특정대상없음	12/25-13:13
47	답변	○ Re..음..	배진성	3조	1조	1조(이경일)	12/26-01:25
46	질문	○ 음..	이경일	1조	3조	3조(방석영)	12/25-18:57
							discussion2▶
45	질문	○ 우리 눈에 관한건데..;;	이경일	1조	2조	특정대상없음	01/03-19:59
44	답변	○ 답변입니다	최진영	2조	1조	1조(이경일)	01/03-21:00
43	질문	○ 단순한 질문!	이경일	1조	2조	특정대상없음	01/03-00:19
42	답변	○ 답변	최진영	2조	1조	1조(이경일)	01/03-12:34
41	질문	○ 음..	이경일	1조	2조	2조(김용건)	01/03-00:12
40	답변	○ Re..음..	김용건	2조	1조	1조(이경일)	01/03-14:27
39	질문	○ Re.....그런데...	이경일	1조	2조	특정대상없음	12/28-17:00
38	의견(평론)	○ Re..죄송하지만	이경일	1조	2조	특정대상없음	12/24-20:51
37	답변	○ Re..네	김용건	2조	1조	1조(이경일)	12/24-21:12
36	답변	○ 감사합니다.	이경일	1조	2조	2조(김용건)	12/24-22:10
							discussion1▶
35	답변	○ 반사시킨다..	이경일	1조	2조	2조(김용건)	01/03-00:22
34	의견(평론)	○ Re..소리가 아니고 에너지라고 하시더군요(냉무)	김용건	2조	1조	1조(이경일)	01/04-01:06

[그림 82] 개인 이력(history) 보기

(5) 토론 주제별 배열과 토론 유형의 시각화

오프라인 탐구토론의 경우 토론이 하나의 대화채널 속에서 이루어지기 때문에 시간순으로 단위토론들이 이루어진다. 따라서 토론에 참여한 학생들은 전체 토론 과정을 쉽게 이해할 수 있다. 그러나 온라인 탐구토론의 경우, 시간의 제약이 없기 때문에 여러 가지 토론 내용들이 동시에 이루어지는 다중토론장이 형성된다. 결국 하나의 토론장에서 이루어지는 개별진술들은 하나의 작은 주제별로 묶여진 '단위토론'으로 구성되게 된다. 따라서 온라인 물리탐구토론 학습체제 속에서는 '단위토론'별로 제시가 가능하도록 한다. 또한 단위토론 내에서는 하나의 개별진술에 관련된 하위 진술들은 들여쓰기를 통하여 위계를 알 수 있게 구성한다. [그림 83]은 토론장에서 단위토론별로 묶인 형태를 나타낸 것이다.

번호	토론형식	제 목	
176	질문	[? 질문] 우리 눈에 관한건데..;;	단위토론1
175	답변	[! 답변] 답변입니다	
174	질문	[? 질문] 그러니까—	
173	의견(평론)	[◀ 의견] Re..저의조 탐구 범위에서	
172	질문	[? 질문] 단순한 질문!	단위토론2
171	답변	[! 답변] 답변	
170	질문	[? 질문] 만약에	단위토론3
169	답변	[! 답변] 시력과 무관할	
168	의견(평론)	[◀ 의견] 한가지 의견. 개별진술	
167	알림	[🕮 알림] Re..죄송하	
166	답변	[! 답변] 저…◦◦	
165	기타	[◇ 기타] Re..저…◦◦	

[그림 83] 토론장에서 단위토론의 구분

[그림 84] 글쓰기에서 토론 형식 지정 방법

　또한 실제로 토론 과정은 질문, 반론, 답변, 안내, 의견, 기타의 6가지 유형으로 구성되는데, 이 구성을 시각적으로 메인 토론장에서 제목과 함께 제시함으로써 토론 구성을 쉽게 이해할 수 있도록 한다. 학생들은 [그림 84]와 같이 글쓰기를 통하여 의견을 제시할 때 토론 유형을 선택하면, 메인 토론장에 제목과 함께 나타나 쉽게 토론 흐름을 이해할 수 있도록 구현한다.

참고문헌

강석진(2000). 토론 과정에서 사회적 합의 형성을 강조한 개념 학습 전략: 교수
효과 및 소집단 토론에서의 언어적 상호작용. 서울대학교 박사학위논문.

강숙희(1998), 디지털 교과서의 설계를 위한 교육공학적 접근: 유형과 기능을
중심으로, 교육공학연구 14(1)

강인애(1997), 왜 구성주의인가? 문음사

강인애(1997), 객관주의와 구성주의: 대립에서 대화로, 교육공학연구 13(1)

강인애(1999), 21세기 교육 환경 구현을 위한 초·중등학교의 수업 사례, 새청
년 교육정보화의 나아갈 길, 한국교육학술정보원

강인애, 이민수, 김종화, 이인수(1999). 웹 기반 문제 중심 학습의 개발사례: 초
등, 고등, 대학교의 경우. 교육공학연구, 15(1), 301 330.

김대인, 이현희, 정성태(1998), 인터넷을 이용한 문제은행 공동저작 빛 능동직
원격개별학습 시스템의 구현, 교육공학연구 14(2)

김도윤, 강성국, 김성식(1999), 교원원격교육을 위한 웹 코스웨어의 설계 및 구
현, 한국컴퓨터교육학회 하계 학술발표논문지 3(2)

김소영, 김동식(1999), 전자교과서 시스템을 위한 사용자 인터페이스 프로토타
입 개발, 한국컴퓨터교육학회 논문지 2(1)

김미량(1998). 하이퍼텍스트 학습체제에서의 상호작용 증진전략 연구. 서울대
학교 박사학위논문.

김미량(2000). 학습자 중심 웹 기반 교수－학습체제의 화면 설계 전략. 교육공
학연구, 16(4), 51-76.

김민조, 김성식(1999), 학습자의 사회적 상호작용 증진을 위한 웹 기반 협동학
습 시스템의 설계 및 구현, 한국컴퓨터교육학회 논문지 2(1)

김세연(2002). 웹 게시판을 활용한 소모임 토론에서 교사의 피드백이 참여도, 학업 성취도, 만족도에 미치는 효과 분석. 서울대학교 석사학위논문.

김은진(2001). 웹 기반 온라인 토론을 통한 수학적 상호작용에 관한 사례 연구. 한국교원대학교 석사학위논문.

김태영, 송태옥, 안성훈(1999), 정보통신기술을 이용한 인성교육 시스템 모델의 구축, 한국컴퓨터교육학회 논문지 2(2)

김현주, 이옥화, 김홍기(1998), WBI 프로젝트의 분석을 통한 한국형 WBI 모델, 한국컴퓨터교육학회 논문지 1(1)

김홍래, 송기상(1998), 구성주의적 접근을 통한 웹 기반의 가상학교의 설계 및 구현, 한국컴퓨터교육학회 논문지 1(1)

김희경, 송진웅(2003). 중학생들의 개방적 탐구에서 동료 간 논변활동의 특징. In 한국물리학회 2003년 봄 학술논문발표회.

김희경(2003). 중학생의 동료 간 논변 활동을 강조한 개방적 물리탐구: 조건, 특징, 역할을 중심으로. 서울대학교 박사학위논문.

나일주, 정인성(1996). 교육공학의 이해. 서울: 학지사.

류수영, 강오한(2001). 웹 기반 온라인 토론에서 집단구성 방식이 토론에 미치는 영향. 한국컴퓨터교육학회 논문지, 4(2).

박인우(1996), 학교교육에 있어서 구성주의 교수 원리 실현 매체로서 인터넷 고찰, 교육공학연구 12(2)

박인우(1998). 대학 교육에서 인터넷 가상 토론의 비동시성과 토론자의 내향성 / 외향성간의 상호작용 효과 연구. 교육공학연구, 14(2), 25-49.

박인호(2000). 국제 청소 물리 공동탐구토론대회(IYPT)를 다녀와서. 과학재단 소식, 조사분석기고. http://kosef.nextdata.co.kr/index.jsp?filenameC0002/2002_08_G.htm

박종오, 김성식(2001). 웹 기반 토론 수업용 시스템 개발을 위한 고려 요소 분석. 한국컴퓨터교육학회 논문지, 4(2).

박지숙(1999). 사회과 웹 기반 토론수업 모형 개발에 대한 연구: 학습자 참여를 중심으로. 서울대학교 석사학위논문.

박호용(2000). 웹 기반 온라인 토론에서 중재자의 역할 유형이 토론 내용에 미치는 영향. 한국교원대학교 석사학위논문.

백영균(1999), 웹 기반 학습의 설계, 양서원

석수송(2001). 웹 기반 가상 토론에서 학습자의 성별에 따른 메시지 유형의 비교. 한국교원대학교 석사학위논문.

손정우(2000). 인터넷 학습체제를 적용한 물리 교수-학습 방법 개발. 서울대학교 박사학위논문.

신민희(1998), 자기조절 학습 환경이 학습 성취와 동기에 미치는 영향, 교육공학연구 14(3)

안상남(1999), 실업계 고등학교의 선진 학습 사례, 새천년 교육정보화의 나아갈 길, 한국교육학술정보원

유인환, 이철현, 이옥화, 남승인, 이태욱(1999), 교사 업무 분석을 통한 원격 컴퓨터 교육 연수 교육과정 설계, 한국컴퓨터교육학회 하계 학술발표 논문지 3(2)

유인환, 신수범, 이태욱(1999), 전자교과서의 바람직한 도입 및 운영 방안, 한국컴퓨터교육학회 논문지 2(1)

윤혜경(1997). 국내외 과학탐구경연. 미간행.

이경운(1998), 교육정보화를 위한 학교교육 웹 사이트의 체제와 이를 이용한 고등학교 물리 수업 모형 연구, 서울대학교교육학 박사학위논문

이범홍(1998). 토의토론 학습과 중등학교 과학교육. 1997년도 교과교육공동연구 결과 보고서, RR 97-Ⅱ-6.

이봉우, 김희경, 이재봉, 이성묵(2002). 물리탐구도론대회에서 대학생들의 온라인 상호작용 분석. In 한국과학교육학회 2002년 하계 학술연구발표회.

이용숙, 김영천(편)(1999). 교육에서의 질적 연구. 서울: 교육과학사.

이유연(1995). 컴퓨터 매개 통신을 이용한 학습 과정에 대한 분석연구. 이화여자대학교 석사학위논문.

이인숙(1998). 컴퓨터 컨퍼런싱 참여에 미치는 변인에 관한 사례 연구. 교육학연구, 37(1). 127-153.

이지은(2002). 원격교육에서 반성적사고 촉진활동과 수업성취도 및 수업매력성과의 관련성에 관한 사례 연구. 서울대학교 석사학위논문.

이현웅(2001) 웹 기반 수업에서 정보지각양식과 자료 제시유형이 학업성취에 미치는 효과. 서울대학교 석사학위논문.

임규연(1999). 웹 기반 온라인 토론에서 학습사의 참여도, 성취도 및 만족도에 영향을 미치는 요인. 이화여자대학교 석사학위논문.

임정훈(1997). 인터넷의 교육적 활용: 가능성과 한계점. 방송통신교육논총, 11(1), 185-207.

임정훈(1998). 인터넷을 활용한 가상수업에서의 교수-학습 활동 및 교육 효과 연구. 교육공학연구, 14(2), 103-136.

임정훈(1999). 웹 기반 가상수업에서 온라인 토론 촉진을 위한 설계전략 탐색. 교육학연구, 37(2), 249-270.

임정훈(1999b). 웹 기반 문제 해결학습 환경에서 소집단 협동학습 전략이 온라인 토론의 참여도와 문제 해결에 미치는 효과. 서울대학교 박사학위논문.

인터넷스쿨(1998), 1997년도 인터넷스쿨 학습체제 개발 연구 결과 보고서, 서울대학교 사범대학

인터넷스쿨(1999), 1998년도 인터넷스쿨 학습체제 개발 연구 결과 보고서, 서울대학교 사범대학

인터넷스쿨(2000), 1999년도 인터넷스쿨 학습체제 개발 연구 결과 보고서, 서울대학교 사범대학

정인성(1997). 구성주의에 기초한 온라인 가상대학 모델 개발. 교육공학연구, 13(2), 315-338.

정인성, 이대식(1993). 컴퓨터 통신을 활용한 원격교육의 상호작용 증진방안 연구. 방송통신교육논총, 7(4), 127-226.

정인성(1999). 웹 기반 교수-학습체제설계 모형. 나일주 편저, 웹 기반 교육. 서울: 교육과학사.

정인성(1999), 초중등학교에서의 원격교육 도입 전략 탐구, 교육공학연구 15(1)

정인성, 임철일, 최성희, 임정훈(2000). 평생 교육을 위한 웹 기반 학습에서 상호작용 유형에 따른 효과 분석. 교육공학연구, 16(1), 223-256.

정재삼, 임규연(2000). 웹 기반 토론에서 학습자의 참여도, 성취도 및 만족도 요인 분석. 교육공학연구, 16(2), 107-135.

정혜선, 최성희(1998). 메시지 내용 분석을 통한 전자우편의 교육적 활용 연구. 교육공학연구, 14(2). 167-186.

차정호(2003). 개별화 웹 에이전트를 탑재한 화학교육 홈페이지의 개발과 온라인 토론에서 상호작용 분석. 서울대학교 박사학위논문.

최영, 김병철(2000). 인터넷 신문의 상호작용성에 관한 연구-국내 인터넷 신문의 상호작용 메커니즘에 대한 실증 분석. 한국언론학보, 제44-4호.

최욱, 고영남(1998), 컴퓨터의 교육적 활용 유형에 따른 교사의 역할, 교육공학 연구 14(1)

최정임(1998), 구성주의 연구의 이해: '객관주의와 구성주의: 대립에서 대화로' 를 읽고, 교육공학연구 14(3)

최정임(1999). 웹 기반 수업에서 상호작용 증진을 위한 교수 전략 탐구. 교육 공학연구, 15(3), 129-154

최환진(1999), CGI & 전자상거래 구축 한번에 끝내기, 한컴프레스

한광현, 김미량(2002). 초등학생을 위한 사이버 커뮤니티의 교육적 활용 방안 에 관한 탐색적 연구. 한국컴퓨터교육학회 논문지, 5(2).

한국물리교육연구센터(1994). 과학 공동탐구토론대회 보고서.

한국직업능력개발원(1999), 지식기반 사회의 교육－독일 교육연구부의 델파이 조사 보고서, 연구자료 99-3

한병래, 김홍래, 송기상(1999), 정보통신기술의 교수－학습에의 통합방안에 대 한 체제적 접근, 한국컴퓨터교육학회 하계 학술발표논문지 3(2)

한수진(2002). 과학 개념 학습에서 협동적 소집단 토론의 효과. 서울대학교 석 사학위논문.

함영기(1999), 인터넷 전자상거래 시스템 설계 및 구현, 홍익대학교교육학 석 사학위논문

Ahern, T. C., Peck, K. & Laycock, M.(1992). The effects of teacher discourse in computer-mediated discussion. Journal of Educational Computing Research, 8(3), 291-309.

Althaus, S. L.(1997). Computer-mediated communication in the university classroom: An experiment with on-line discussions. Communication Education, 46(3).

Anderson, L. W., Bourke, S. F.(2000). Assessing affective characteristics in the schools. Lawrence Erlbaum Associates, Inc.

Anderson, T., Rourke, L., Garrison, D. R., & Archer, W.(2001). Assessing teaching presence in a computer conferencing context. Journal of Asynchronous Learning Networks, 5(2).

Bailey, G.D.(1993), Computer-based integrated learning systems. Englewood Cliffs, NJ: Educational Technology Publications.

Bates, A. W.(1990). Interactivity as a criterion for media selection in distance learning. Paper presented at the Annual Conference of Asian Association of Open Universities, Jakarta, Indonesia.

Becker, H. J.(1992), A model for improving the performance of integrated learning systems: Mixed individualized / group / whole class lessons, cooperative learning, and organizing time for teacher-led remediation of small groups. Educational Technology, 32(9), 6-15

Benbunan-Fich, R. & Hiltz, S. R.(1999). Impacts of Asynchronous Learning Networks on Individual and Group Problem Solving: A Field Experiment, Group Decision and Negotiation, 8, 409-426.

Berelson, B.(1952). Content analysis in communication research. Illinois: Free Press.

Berge, Z. L.(1995). Facilitating Computer Conferencing: Recommendations From the Field. Educational Technology, 15(1). 22-30. Available [Online]:http://www.emoderators.com/moderators/teach_online.html

Berge, Z. L., & Collins, M.(1993). Computer conferencing and online education. Arachnet Electronic Journal on Virtual Culture, 1(3).

Berger, D. E., Pezdek, K., & Banks, W. P.(1987). Applications of cognitive psychology: Problem solving, education and computing. London: Lawrence Erlbaum Associates.

Blake, C. T. & Rapanotti, L.(2001). Mapping interactions in a computer conferencing environment. Paper presented at the European Conference on computer-Supported Collaborative learning 2001, Maastricht, The Netherlands.

Blurton, C.(1983). Science Talent: The Elusive Gift. School Science and Mathematics, 83(8), 654-664.

Bonk, C. J., Appleman, R., & Hay, K. E.(1996). Electronic Conferencing Tools for Student Apprenticeship and Perspective Taking, Educational Technology, 37, 8-17.

Bretz, R.(1983). Media for interactive communication. London: Sage.

B.S. Bloom, J.T.Hastings, G.F. Madaus(1971), Handbook on Formative and Summative Evaluation of Student Learning, McGRAW-HILL

Clark, B. I., Knupfer, N. N., Mahoney, J. E., Kramer, K. M., Gbazali, H., &

Al-Ani, N.(1997). Creating Web Pages: Is Anyone Considering Visual Literacy? ERIC Document Reproduction Service, ED 408 990.

Coombs, N.(1989). Using CMC to overcome physical disabilities. In R. Mason & A. Kaye(Eds.), Mindweave: Computers and distance education(pp.180-184). Oxford: Pergamon Press.

Crossman, D. M.(1997). The Evolution of the World Wide Web as an Emerging Instructional Technology Tool. In B. H. Khan,(Ed.), Web-Based Instruction. Englewood Cliffs, N.J.: Educational Technology Publication.

Cunningham, D. J.(1991). In defense of extremism. Educational Technology, 31(9), 26-27.

Cunningham, D(1992), Assessing constructions and constructing assessments: A Dialogue. In T. Duffy & D. Jonassen(Eds.), Constructivism and the technology of instruction: A conversation, pp.35-44. Lawrence Erlbaum Associate.

Cunningham, A.(1993), Multimedia and multiethnic learning: Visionaries and illusionaries. Paper presented at the 3rd International Symposium of the International Visual Literacy Association. Pelphi, Greece.

Deschenes, A. J.(1983). La metacognition. Mimeo. Quebec: Tele-universite, Universite du Quebec.

Dillon, J. T.(1994). Using discussion in classroom. Buckingham, UK: Open University Press. 김정효 역(1997), 토론 학습의 이론과 실제, 서울: 교육과학사.

Driver, R.(1995). Constructivist approaches to science teaching. In L. P. Steffe & J. Gale(Eds.), Constructivism in education(pp.385-400). Hillsdale: Lawrence Erlbaum Associates, Inc.

Duffy, T. M(1997), Strategic teaching framework: An instructional model for learning complex, interactive skills. In C. R. Dills and A. J. Romiszowski(eds.), Instructional development paradigms.

Ennis, R. H.(1986). A taxonomy of critical thinking dispositions and abilities. In J. B. Baron & R. J. Sternberg(Eds.), Teaching thinking skills: Theory and practice. NY: W.H. Freeman.

Fjermestad, J., & Hiltz, S. R.(1999). An Assessment of Group Support Systems Experimental Research: Methodology and Results, Journal of Management Information Systems, 15(3). 7-149.

Freeley, J. A.(1996). Argumentation and debate. Wordworth Publishing Company.

Gavora, M. & Hannafin, M.(1993). Interaction strategies and emerging technologies. ERIC Document Reproduction Service, ED 363 276.

Giardina, M.(1992). Interactive and intelligent advisory strategies in a multimedia learning environment: Human factors, design issues and technical considerations. In M. Giardina(Ed.), Interactive multimedia learning environments(pp.48-66). Germany: Springer-Verlag.

Gunawardena, C. N., Lowe, C. A. & Anderson, T.(1997). Analysis of a global online debate and the development of an interaction analysis model for examining social construction of knowledge in computer conferencing. Journal of Educational Computing Research, 17(4), 397-431.

Gunawardena, C. N., Lowe, C. A. & Anderson, T.(1998). Transcript analysis of computer-mediated conferences as a tool for testing constructivist and social-constructivist learning theories. Paper presented at the Annual Conference on Distance Teaching & Learning, Madison, WI. ERIC Document Reproduction Service, ED 422 854.

Hackbarth, S.(1996), The educational technology handbook: A comprehensive guide: Process and products for learning. Englewood Cliffs, NJ: Educational Technology Piblications.

Hara, N.(2000). Visualizing Tools To Analyze Online Conference. Paper presented at the Annual Meeting of the American Educational Research Association, ERIC Document Reproduction Service, ED 442 845.

Hara, N., Bonk, C. J., & Angeli, C.(2000). Content analysis of online discussion in an applied educational psychology course. Instructional Science, 28, 225-152.

Harasim, L.(1987). Teaching and learning online: Issues in computer-mediated graduate courses. Canadian Journal for Educational Communication, 16, 117-135.

Harasim, L.(1989). On-line education: A new domain. In R. Mason & A.

Kaye(Eds.), Mindweave: Communications, Computers, and Distance Education(pp.50-62). NY: Pergamon.

Harasim, L.(1990). On-line education: Prespectives on a new environment. NY: Praeger Publishers.

Harrison, L.(1996), Online Education: the future. In T.M. Harrison & T. Stephen,(Eds.). Computer networking, scholary communication in the twenty-first centry university. New York: SUNY Press.

Harasim, L. M.(1993). Global Networks: Computers and International Communication. Cambridge, MA: MIT Press.

Henri, F.(1992). Computer conferencing and content analysis. In A. R. Kaye(Ed.), Collaborative Learning Through Computer Conferencing: The Najaden Papers(pp.115-136). NY: Springer.

Hesser, L. & Kontos, G.(1995) Technology and graduate education: Applications in a Masters and Doctoral Program. Paper presented at the International Conference in Distance Education, San Jose, Costa Rica. ERIC Document Reproduction Service, ED 389 273.

Hiemstra, R., & Sisco, B.(1997), Individualizing instruction: Making learning personal, empowering, and successful. San francisco, CA: Jossey-Bass.

Hiltz, S. R.(1986). The Virtual Classroom: Using Computer-Mediated Communication for University Teaching, Journal of Communication, 36(2), 95-104.

Hiltz, S. R.(1988). Collaborative learning in a virtual classroom: Highlights of findings. Paper presented at the Computer Supported Cooperative Work Conference, ERIC Document Reproduction Service, ED 305 895.

Hiltz, S. R.(1990). Evaluating the Virtual Classroom. In L. Harasim(Ed.), Online Education. NY: Praeger.

Hiltz, S. R.(1994). The Virtual Classroom: Learning without Limits via Computer Networks, Norwood, NJ: Ablex Publishing Corporation.

Hiltz, S. R. & Wellman, B.(1997). Asynchronous Learning Networks as a Virtual Classroom, Communications of the ACM, 40(9), 44-49.

Hoadley, C. M., Linn, M. C.(2000). Teaching science through online, peer discussions: SpeakEasy in the Knowledge Integration Environment. International Journal of Science Education. 22(8). 839-857.

Howell-Richardson, C. & Mellar, H.(1996). A methodology for the analysis of patterns of participation within computer-mediated communication courses. Instructional Science, 24, 47-69.

Hsi, S.(1997). Facilitating knowledge integration in science through electronic discussion: the multimedia forum kiosk. Berkeley, CA, University of California at Berkeley.

Iseke-Barnes, J. M.(1996). Issues of educational uses of the Internet: Power and criticism in communications and searching. Journal of Educational Computing Research, 15(1), 1-23.

Isatance, D.(1999), The Recent Trand of Teacher Policy in OECD Countries, 한국교육개발원(1999). 연구자료RM 99-32

Judi Harris.(1995), Organizing and Facilitating Telecollaborative Projects. The Computing Teacher(Vol22. 66-69)

Kang, I.(1998). The use of computer-mediated communication: Electronic collaboration and interactivity. In C.J. Bonk & K.S. King,(Eds.), Electronic Collaborator: Learner-centered Technologies for Literacy, Apprenticeship, and Discourse(pp.315-337). Mahwah, NJ: Erlbaum.

Kanuka, H., & Anderson, T.(1998). Online social interchange, discord, and knowledge construction. Journal of Distance Education, 13(1), 57-75.

Kearsley, G.(1996). The World Wide Web: Global access to education. Educational Technology review, Winter(5).

Keegan, D.(1996), Foundations of distance education. London: Routledge.

Khan, B. H.(1997). Web-based instruction: What is it and why is it? In B. H. Khan,(Ed.), Web-Based Instruction. Englewood Cliffs, N.J.: Educational Technology Publication.

Khan, B. H.(1998), Web-Based Instruction: An Introduction, Alexandria, USA, Educational Media International, 63~71

Klemm, W. R.(2000). What's wrong with on-line discussions and how to fix it. Paper presented at WebNet 2000 World Conference on the WWW and Internet Proceedings, ERIC Document Reproduction Service, ED 448 755.

Kuehn, S. A.(1994). Computer-mediated communication in instructional settings: A research agenda. Communication Education, 43, 171-183.

Lemke, J. L.(1990). Talking science: Language, Learning, and values. Norwood, NJ: Ablex Publishing Corporation.

Levin, J. A., Kim, H., & Riel, M. M.(1990). Analyzing instructional interactions in electronic message networks. In L. M. Harasim, L.(Ed.), On-line education: Prespectives on a new environment (pp.185-214). NY: Praeger Publishers.

Levison, P.(1990). Computer conferencing in the context of the evolution of media. In L. Harasim(Ed.), Online education: Perspectives on a new environment(pp.3-14). NY: Praeger.

Linn, M. C.(2000). Designing the knowledge integration environment. International Journal of Science Education, 22(8). 781-796

Linn, M. C., Clark, D. & Slotta, J. D.(2003). WISE design for knowledge integration. Science Education, 87, 517-538.

Marland, S.(1972). Education of the gifted and talented. Report to the congress of the United States by the U.S. Commission of Education. Washington, D.C.: U.S. Government Printing Office.

Mason, R.(1990). Conferencing for mass distance education. In Proceeding of the third guelph symposium on computer conferencing. Guelph, Ontario: University of Guelph.

Mason, R.(1991). Moderating educational computer conferencing. DEOSNEWS, 1(19).

Mason, R.(1992) Evaluation methodologies for computer conferencing. In A. R. Kaye(Ed), Collaborative learning through computer conferencing: The Najaden papers(pp.105-116), NY: Springer Verlag.

Merrill, M. D.(1988). The role of tutorial and experiential models in intelligent tutoring systems. Educational Technology, 28(7), 7-13.

McComb, M.(1994). Benefits of computer-mediated communication in college courses. Communication Education, 43, 159-170.

Meyer, K., & Woodruff, E.(1997). Consensually driven explanation in science teaching. Science Education, 81(2), 173-192.

Moore, M. G.(1993). Three types of interaction. In K. Harry, M. John, & D. Keegan(Eds.), Distance education: New perspectives (pp.19-24). London: Routledge.

Moore M. G. & Kersley, G.(1996). Distance education: A systems view. Belmont: Wadsworth Publishing Company. 양영선, 조은순(1998)(역). 원격교육의 이해와 적용. 서울: 예지각.

Mowrer, D. E.(1996). A content analysis of student/instructor communication via computer conferencing. Higher Education, 32, 217-241.

Ocker, R. J., Yaverbaum, G. J.(1999). Asynchronous computer-mediated communication versus face-to-face collaboration: Results on student learning, quality and satisfaction. Group Decision and Negotiation, 8, 427-440.

Pena-Perez, J. B.(2000). Participation, interaction and meaning construction in a university-level course using a computer bulletin board as a supplement to regular class discussions: A case study. A dissertation Presented to the Faculty of the Graduate School of Cornell University.

Paulsen, M. P.(1995). Moderating educational computer conferences. In Berge, Z. L. & Collins, M. P.(Eds.), Computer-mediated communication and the on-line classroom in distance education. Cresskill, NJ: Hampton Press.

Paulsen, M. F.(1995). The online report on pedagogical techniques for computer mediated communication.
http://www.nettskolen.com/pub/artikkel.xsql? artid=123.

Perkins, D(1992), Technology meets constructivism: Do they make a marriage? In T. Duffy & D. Jonassen(Eds.), Constructivism and the technology of instruction: A conversation, pp.45-65. Lawrence Erlbaum Associate.

Powers, S. & Mitchell, J.(1997). Student perceptions and performance in a virtual classroom environment. Paper presented at the Annual Meeting of the American Educational Research Association, Chicago, IL. ERIC Document Reproduction Service, ED 409 005.

Rafaeli, S.(1988) Interactivity: From new media to communication, Sage Annual Review of Communication Research: Advancing Communication Science

Vol. 16, 110-134, Sage: Beverly Hills, CA.

Rafaeli, S., & Sudweeks, F.(1997). Networked Interactivity. Journal of Computer-Mediated Communication, 2(4).

Rapaport, M.(1991). Computer Mediated Communications: Bulletin Boards, Computer Conferencing, Electronic Mail, and Information Retrieval. New York: John Wiley& Sons.

Reigeluth, C.(1983), Instructional-design theories and models: An overview of their current status. Hillsdale, NJ:Lawrence Erlbaum Associates.

Relan, A., & Gillani, B. B.(1997). Web-based information and the traditional classroom: Similarities and Differences. In B. H. Khan, (Ed.), Web-Based Instruction(pp.41-58). Englewood Cliffs, N.J.: Educational Technology Publication.

Renzulli, J. S.(1978). What makes giftedness? Re-examining a definition. Phi Delta Kappan, 60(3), 180-184.

Rice, R. E.(1989). Issues and concepts in research on computer-mediated communication systems. In J. Anderson(Ed.), Communication Yearbook, 12(pp.436-476). Beverly Hills, CA: Sage Publications.

Richmond, G., & Striley, J.(1996). Making meaning in classroom: Social processes in small-group discourse and scientific knowledge building. Journal of Research in Science Teaching, 33(8), 839-858.

Riel, M.(1990). Cooperative learning across classrooms in electronic learning circles. Instructional Science, 19, 445-466.

Ritchie, D. C. & Hoffman, B.(1996), Using Insturctional Design Principles To Amplify Learning On The World Wide Web, http://edweb.sdsu.edu/clrit/learningtree/DCD/WWWInstrdesign/WWWInstrDe sign.html, 12 Apr 96.

Romiszowski, A. J. & Mason, R.(1996). Computer-mediated communication. In D.H. Jonassen(Ed.), Handbook of research for Educational Communications and Technology(pp.438-456). NY: Prentice Hall International.

Romiszowski, A. J.(1997). Web-Based Distance Learning and Teaching. In B. H. Khan,(Ed.), Web-Based Instruction(pp.41-58). Englewood Cliffs, N.J.:

Educational Technology Publication.

Rourke, L., Anderson, T., Garrison, D. R., & Archer, W.(1999). Assessing social presence in asynchronous text-based, computer conferencing. Journal of Distance Education, 14(3), 51-70.

Rourke, L., Anderson, T., Garrison, D. R., & Archer, W.(2001). Methodological issues in the content analysis of computer conference transcripts. International Journal of Artificial Intelligence in Education, 11.

Rourke L., & Anderson, T.(2002). Using Peer Teams to Lead Online Discussion. Journal of Interactive Media in Education, 2002(1).

Savery, J., & Duffy, T.(1995). Problem based learning: An instructional model and its constructivist framework. Educational Technology, 35(5), 31-38.

Schwandt, T. A.(1997). Qualitative Inquiry: A Dictionary of Terms. Thousand Oaks, CA: Sage.

Scott, P. H., Asoko, H. M., & Driver, R. H.(1992). Teaching for conceptual change: A review of strategies, In R. Duit, F. Goldberg, & H. Niedderer(Eds.), Research in physics learning: Theoretical issues and empirical studies(pp.310-329). Kiel, Germany.

Short, J., Williams, E., & Christie, B.(1976). The Social Psychology of Telecommunications. London: Wiley.

Straus, S. G. & McGrath, J. E.(1994). Does the Medium Matter? The Interaction of Task Type and Technology on Group Performance and Member Reactions, Journal of Applied Psychology, 79(1), 87-97.

Tagg, A.(1994). Leadership from within: Student moderation of computer conferences. American Journal of Distance Education, 8(3), 40-50.

Thompson, J. G. & Jorgensen, S.(1989). How interactive is instructional technology? Alternative models for looking at interactions between learners and media. Educational Technology, 29(2), 24-26.

Tiene, D.(2000). Online Discussions: A Survey of their Advantages and Disadvantages vis-a-vis Face-to-Face Discussions. Journal of Educational Multimedia and Hypermedia, 9(4), 371-384.

Tobin, K., & Garnett, P.(1987). Gender related differences in science activities.

Science Education, 71(1), 91-103.

Walther, J. B. & Tidwell, L. C.(1995). Nonverbal cues in computer- mediated communication and the effect of chronemics on relational communication. Journal of Organizational Computing, 5(4), 355-378.

Walton, D. N.(1996). Argumentation schemes for presumptive reasoning, Mahwah, N.J.: Lawrence Erlbaum Associates.

Warkentin, M. E., Sayeed, L., & Hightower, R.(1997). Virtual Teams versus Face-to-Face Teams: An Exploratory Study of a Web-based Conference System, Decision Sciences, 28(4), 975-996.

Webb, N.(1995). Constructive activity and learning in collaborative small groups. Journal of Educational Psychology, 87(3), 406-423.

Willis, J.(2000). The maturing of constructivist instructional design: Some basic principles that can guide practice. Educational Technology, 40(1), 5-16.

Vygotsky, L. S.(1978). Mind in society: The development of higher psychological processes. NY: Harvard University Press.

Yagelski, R. P. & Grabill, J. T.(1998). Computer-mediated communication in the undergraduate writing classroom: A study of the relationship of online discourse and classroom discourse in two writing classes. Computers and Composition, 15, 11-40.

Zhang, S., & Fulford, C. P.(1994), Are interraction time and psychological interactivity the same thing in the distance learning television classroom? Educational Technology, 34(6), 58-64

Zhu, E.(1996). Meaning negotiation, knowledge construction, and mentoring in a distance learning course. Presentations at the National Convention of the Association for Educational Communications and Technology, Indianapolis, IN. ERIC Document Reproduction Service, ED 397 849.

· 저자 ·

손정우
(孫禎佑)

· 약 력 ·
서울대학교 사범대학 물리교육과 졸업
서울대학교 대학원 과학교육학 물리교육전공 교육학석사
서울대학교 대학원 과학교육학 물리교육전공 교육학박사
한성과학고등학교 물리교사
(현) 경상대학교 과학교육학부 교수

· 주요논저 ·
「과학논술능력 향상을 위한 과학적 사고력에 근거한 과학글쓰기 교수법」
「온라인 과학 탐구 학습체제의 개발」
「과학 영재를 위한 온라인 물리탐구토론 학습체제 개발과 상호작용지도를
  통한 분석」
「패러데이 박사님, 전기가 뭐죠?」
「물리교재연구 및 학습지도론」(공저)
외 다수

이봉우
(李逢雨)

· 약 력 ·
서울대학교 사범대학 물리교육과 졸업
한국과학기술원 물리학과 이학석사
서울대학교 대학원 과학교육과 물리교육전공 교육학박사
신관중학교 과학교사
(현) 단국대학교 과학교육과 교수

· 주요논저 ·
「온라인 물리탐구토론에 나타난 학생들의 상호작용 유형 분석」
「Science-Gifted Students' Scientific Inquiry Change in Online
  Argumentative Discussion」
「제7차 중등학교 과학과 교육과정 내용의 적정성 분석」
「외국 과학교육과정의 탐구기준 비교 분석」
「키워드로 읽는 물리」(공저)
외 다수

과학교육에서
인터넷 활용 교수-학습 방법

• 초판 인쇄	2007년 6월 10일
• 초판 발행	2007년 6월 10일
• 지 은 이	손정우 · 이봉우
• 펴 낸 이	채종준
• 펴 낸 곳	한국학술정보㈜
	경기도 파주시 교하읍 문발리 526-2
	파주출판문화정보산업단지
	전화 031) 908-3181(대표) · 팩스 031) 908-3189
	홈페이지 http://www.kstudy.com
	e-mail(출판사업팀사업부) publish@kstudy.com
• 등 록	제일산-115호(2000. 6. 19)
• 가 격	22,000원

ISBN   978-89-534-6851-1 93370 (Paper Book)
       978-89-534-6852-8 98370 (e-Book)